Rorate

Konkrete Liturgie

Guido Fuchs (Hg.)

Rorate

Impulse und Modelle
für Messen, Wort-Gottes-Feiern
und Frühschichten im Advent

Verlag Friedrich Pustet
Regensburg

Bibliografische Information Der Deutschen Bibliothek
Die Deutsche Bibliothek verzeichnet diese Publikation
in der Deutschen Nationalbibliografie;
detaillierte bibliografische Daten sind im Internet über
http://dnb.ddb.de abrufbar.

www.liturgie-konkret.de

ISBN 3-7917-1918-1
© 2004 by Verlag Friedrich Pustet, Regensburg
Umschlaggestaltung: Martin Veicht, Cornelia Hofmann, Regensburg
Satz und Layout: MedienBüro Monika Fuchs, Hildesheim
Druck und Bindung: Friedrich Pustet, Regensburg
Printed in Germany 2004

Inhaltsverzeichnis

Vorwort	9
Einführung	11
30 Modelle für Rorategottesdienste	19
Verheißungen	21
Stern Jakobs	22
Wurzel Jesse	26
Hirte Israels	30
Situationen	35
Wüste	36
Krankheit	41
Gefängnis	46
Tugenden	49
Glaube	50
Hoffnung	54
Liebe	58
Advents-Haltungen	63
Ruhe	64
Umkehr	70
Warten	74
Sinneseindrücke	81
Duft	82
Licht	86
Musik	90

Bilder — 95

Tau	96
Berg	101
Weg	105

Propheten — 109

Bileam	110
Elija	115
Johannes der Täufer	119

Symbole — 125

Schiff	126
Tür	130
Blühende Sträucher	135

Maria — 139

Verkündigung	140
Maria in der Hoffnung	144
Maria auf dem Weg nach Betlehem	150

Lieder — 155

Maria durch ein Dornwald ging	156
Komm, du Heiland aller Welt	162
O Heiland, reiß die Himmel auf	168

MATERIALIEN **173**

Rorate caeli. Musikalische Gestaltung 175
Rorate caeli (Introitus-Antiphon) 176
Gesang: Tauet, ihr Himmel Chorstrophen zu GL 117,1 178
Gesang: Ihr Himmel, tauet – Chorstrophen zu GL 120,3 180
Lied: Maranatha – Herr, komm doch wieder 182
Kanon: Dein Wort ist wie ein Regen 183
Wie der Tau in der Frühe 184

Maria als Bild der von Gott betauten Erde 186
Wie Tau auf das Vlies 188
Gesang: Tu dich auf, Gefäß der Gnade 190
Chorsatz: Jungfrau und Mutter schaue 191
Der Himmel ist in dir 192
Kanon: Halt an! Wo laufst du hin? 192

Blumenschmuck und Raumgestaltung 193
Die Rose von Jericho 196
Lied: Eingerollt und ausgedörrt 198
Gesang: Ecce dominus veniet 199
Gesang: Siehe, die Jungfrau wird empfangen 199
Gang im bzw. in den Advent 200
Luzernarium 202
Segen 203

AUTOREN **204**

QUELLEN UND ABKÜRZUNGEN **205**

ÜBERSICHT – REGISTER

Erste Adventswoche

Montag	101
Dienstag	26, 162
Mittwoch	58
Donnerstag	130
Freitag	50, 86
Samstag	54

Zweite Adventswoche

Montag	41
Dienstag	30, 90
Mittwoch	64
Donnerstag	36, 82, 134
Freitag	126 , 150
Samstag	115

Dritte Adventswoche

Montag	22, 110
Dienstag	70
Mittwoch	46, 74, 96
Donnerstag	105, 119
Freitag	168

Vorwort

Mit „Rorate" verbinden viele Menschen eine vertraute Erinnerung an besonders gestaltete Gottesdienste im Advent, die sich durch Feierlichkeit, Kerzenlicht und die frühmorgendliche Uhrzeit von anderen abheben. Auch wenn dies zunächst Äußerlichkeiten sind, drücken sie doch die Andersartigkeit dieser Gottesdienste aus, das, was sie eben für viele so reizvoll macht.

Zu meinen Erinnerungen gehören die alljährlichen Rorate-Gottesdienste mit Weihbischof Hans-Georg Koitz von Hildesheim an der „Fachschule für kirchlichen Gemeindedienst". Eine Rorate-Messe blieb allen besonders im Gedächtnis und wurde immer wieder erzählt: Da saßen nämlich einmal alle Studierenden und Dozierenden in der stimmungsvoll von Teelichtern und Kerzen erhellten Kapelle und warteten auf den Weihbischof, der aber nicht kam. Nach langen Minuten der Unsicherheit beschloss man nachzusehen, wo er denn bleibt. Und da fand sich, dass er schon seit geraumer Zeit vor der verschlossenen Tür der Fachschule stand und vergeblich versuchte, Einlasss zu finden – man hatte vergessen, jemanden am Eingang zu postieren, der ihn hereinließ …

Eine Begebenheit, die nicht nur zum Schmunzeln führen, sondern auch nachdenklich machen kann: Bei aller Bedeutung einer anheimelnden Atmosphäre und vertrauter Gesänge, trotz schöner Riten und ergreifender Texte – im Mittelpunkt dieser Feier steht die Erwartung des kommenden Herrn, die Ausrichtung auf seine Wiederkunft. Der Rorate-Gottesdienst soll ausdrücken, dass wir ausgestreckt sind zwischen erster Ankunft und endgültigem Advent: „Deinen Tod, o Herr, verkünden wir, und deine Auferstehung preisen wir, bis du kommst in Herrlichkeit." Vor aller adventlichen Gestaltung steht daher die adventliche Haltung, mit der wir auf die Gegenwart Gottes in unsere Welt verweisen und in der wir das Kommen des Herrn nicht verpassen sollen: „Ich stehe vor der Tür und klopfe an. Wer meine Stimme hört und die Tür öffnet, bei dem werde ich eintreten, und wir werden Mahl halten, ich mit ihm und er mit mir" (Offb 3,20).

Hildesheim, im Juni 2004 *Guido Fuchs*

Einführung

Rorate – nur wenige Worte assoziieren gleich eine so klar vor Augen stehende gottesdienstliche Feier: Advent – früher Morgen – frostklirrendes Dunkel – eine nur von Kerzen erleuchtete Kirche – „Tauet, Himmel, den Gerechten" ... All das fällt einem vielleicht spontan ein, wenn man „Rorate" hört. Der Eine oder die Andere mag noch an das Evangelium von der Ankündigung der Geburt des Herrn denken – vielleicht auch an ein gemütliches Frühstück nach dem Gottesdienst im anbrechenden Licht eines Dezembermorgens. Rorate – ein Wort, das die stimmungsvolle Seite der Adventszeit ebenso ausdrückt wie die einstmals beschwerliche Vorbereitung auf die Feier der Geburt des Herrn. Kein anderer Begriff steht so sehr für den kirchlichen Advent, wie ihn viele von früher her kennen und ihn gern auch heute noch praktizieren; für einen Advent, der sich – allen Mühseligkeiten zum Trotz – vielfach in der Erinnerung verklärt: „Wer denkt nicht mit Freude an die Rorateämter, die in Stadt und Land gehalten wurden? Wer sollte es vergessen haben, wie uns die Mutter in aller Herrgottsfrühe heraustrommelte, damit wir, in dicke Kleider und Hauben eingemummt, mit Eltern und Geschwistern zur Kirche gingen? Wer könnte sich nicht mehr an das festliche Glockengeläute erinnern, das einem schon von fern entgegenklang? Unvergesslich ist uns sicher allen das Lied „Tauet, Himmel, den Gerechten". Und wie freuten wir uns alle nach der erhebenden Feierstunde auf die warme Stube und das dampfende Frühstück."[1]

Ursprünglich eine Votivmesse zu Ehren Marias
Die Rorate-Gottesdienste haben ihren Namen vom lateinischen Eröffnungsvers (Introitus), der mit einem markanten Wort aus dem Buch Jesaja (Jes 45,8) beginnt: „Rorate caeli desuper et nubes pluant iustum" – „Tauet, Himmel, von oben, ihr Wolken regnet herab den Gerechten." Ähnlich wie bei „Gaudete" (3. Adventssonntag) oder „Laetare" (4. Fastensonntag) gab hier das erste Wort der Messe der ganzen Feier den Namen, der bis heute gebräuchlich ist.

Diese Roratemessen waren – und sind – zunächst Marienmessen (Votivmessen von der Jungfrau Maria) an bestimmten Tagen im

Advent. Mancherorts wurden sie an den Samstagen, anderswo an den letzten neun Tagen vor dem 25. Dezember gefeiert, in wiederum anderen Gegenden – vor allem in den Alpenländern und in Bayern – mit Erlaubnis (Indult) des Apostolischen Stuhls sogar an allen Tagen im Advent, sofern diese nicht durch höherrangige Feiern „belegt" waren. Die einzelnen Wochentage im Advent hatten im Messbuch Pius V. keine eigenen Messformulare und Lesungstexte; so wurden entweder die Texte der Sonntage bzw. die vom Quatember-Mittwoch im Advent gewählt. An diesem Quatember-Mittwoch wurde das Evangelium von der Ankündigung der Geburt Jesu durch den Engel an Maria gelesen; von daher übertrug sich der Begriff „Engelamt" („missa angelica") auch auf die Roratemessen. Die Messe am Quatember-Mittwoch nannte man „goldene Messe", „missa aurea"; man schrieb man ihr besondere Wirkungen zu, außerdem war sie hochfeierlich gestaltet.[2] Nach ihr wurden auch die Rorate-Gottesdienste in manchen Gegenden als „goldene Ämter" („gulden mehs") bezeichnet. – Der Begriff und die Gestaltung der Roratemesse als „Amt" („missa cantata" im liturgischen Sinn; als feierliches Amt auch mit Gloria und Credo) war dabei nicht unwichtig: Für eine bloße „Lesemesse" oder „Betsingmesse" wurde das römische Privileg ihrer häufigen Feier nicht gegeben.

Große Beliebtheit
Die Roratemessen erfreuten sich einer sehr großen Beliebtheit und wurden von zahlreichen Gläubigen besucht. Zu ihrer Beliebtheit mochten verschiedene Gründe geführt haben: Die Nähe des Weihnachtsfestes, zu dessen Vorbereitung diese Messen mit ihrem Evangelium von der Ankündigung der Geburt beitrugen; die besondere Heilswirkung, die man ihnen für alle daran Beteiligten, aber auch für Haus und Hof zuschrieb (auch für die Reisenden und Seeleute – mit Blick auf Maria und Josef, die sich nach Betlehem aufmachten); die nachhaltigen Eindrücke des morgendlichen Kirchgangs – womöglich bei Kälte und Schnee –, die nur von Kerzen erhellte Kirche, die Lieder, aus denen Sehnsucht und verhaltene Vorfreude auf das Weihnachtsfest klangen. Eben wegen der erhofften Wirkungen beeilte man sich oft, schon im Herbst eine Roratemesse „zu bestellen": „Zuweilen steuern ganze Dorfschaften zusammen zu einem eigenen Engelamt. Auch die frommen Vereine wollen ihr Rorate haben. Und so kommt es, dass so ein Pfarrherr oft nicht

mehr weiß, wann er all die vielen Engelämter halten soll. Und er muss gleichsam anstücken an die Adventswochen, um in der Zeit nach dem Fest die bestellten Rorate anzusetzen."[3] Auch das förderte die Zahl der Roratemessen.

Die frühmorgendliche Zeit, zu der sie gefeiert wurden, hing zunächst damit zusammen, dass nach dem Missale von 1570 keine Messen nach 12 Uhr Mittag stattfinden durften. Da die Roratemessen unter Umständen länger dauerten, weil sie ja auch besonders feierlich gestaltet waren, und sie außerdem – anders als die Privatmessen – von zahlreichen Gläubigen mitgefeiert wurden, für die ja zumeist im Anschluss daran ein Arbeitstag anfing, begannen sie schon sehr früh. Das bedeutete für die überwiegende Zahl der Gläubigen ein entsprechend zeitiges Aufstehen, denn der Kirchgang war ja früher meistens wirklich ein „Gang". Dieser Gottesdienst am dunklen Morgen bedurfte in einer Zeit, da man noch kein elektrisches Licht kannte, vieler Kerzen, in deren Schein man feierte. Teilweise brauchte man die Kerzen und Lichter auch schon für den Weg zur Kirche. Es ist typisch für die Beibehaltung überkommener Bräuche an besonderen Tagen, dass man auch nach dem Aufkommen der Elektrifizierung in den Kirchen bei den Roratemessen vielfach am bloßen Kerzenlicht festhielt. „Rorate" bedeutet für viele Menschen auch heute noch Kerzenlicht und früher Morgen, obwohl beide Phänomene äußerlicher Natur sind und mit dem Inhalt der Roratemesse selbst zunächst nicht zusammenhängen.

Das Dunkel des frühen Morgens wurde jedoch als höchst passender Ausdruck unserer Adventshaltung erachtet: „Schon der erste fromme Brauch ist ein herrliches Gleichnis des menschlichen Suchens und Mühens aus Dunkelheit und Nacht nach göttlichem Licht: der Weg zur Rorate."[4] Zugleich lenkt dieser frühe Zeitpunkt den Blick auf die Gottesmutter: „Es entspricht durchaus dem Geiste des Adventes als der Vorbereitung auf Weihnachten, wenn die Pfarrgemeinde im Advent in der Morgendämmerung zur Kirche kommt, um dem Engelamte beizuwohnen, Unsere Liebe Frau als die Morgenröthe zu begrüßen, und durch jene, mit welcher der Herr war, Zutritt zu dem Herrn zu erlangen, der jetzt ebenso wahrhaft im Tabernakel und in den Brodsgestalten verborgen zugegen ist, wie einst im Schooße Mariä."[5] Der „Engel des Herrn" wurde teilweise auch vor der Messe – um 6 Uhr, die Zeit für den „Angelus" – gebetet.

Aus den älteren Berichten über die Rorateämter und aus Erinnerungen an früher lässt sich herauszuhören, dass die Kinder, aber auch die Väter an diesen Gottesdiensten zahlreich teilnahmen. Für die Kinder waren sie vielleicht auch eine Abwechslung gegenüber den Schülermessen. Die Kerzen und der Gang durch die Dunkelheit und Kälte trugen ein Übriges zum Erlebnis bei. „Ein Ereignis für mich war, dass nicht Mutter, sondern Vater mich mit ins Rorateamt nahm. Im Dezember war es früher auch schon bitterkalt. Mein Vater nahm mich bei der Hand; meine kleine Hand lag in seiner großen, warmen Männerhand, und manchmal waren unsere beiden Hände in seiner Joppentasche. Wir schlurften durch den Schnee, Vater mit großen Schritten, ich trippelnd neben ihm. Auf der Hauptstraße, die damals frühmorgens noch ohne Verkehr war, ging, wen man sah, der Kirche zu. Ganz außerordentlich war, dass Vater mich mit in seine Kirchenbank nahm. Welch kindliche Freude hatte ich neben meinem Vater, wenn er mit seiner guten Stimme alle Adventslieder mitsang. Ich glaube, dass ich meinen Vater so – singend neben mir in der Kirche – am meisten geliebt habe."[6]

Die Messen wurden teilweise sehr feierlich gestaltet, mitunter sogar „levitiert", also mit zwei dem Zelebranten assistierenden Priestern, die als „Diakon" und „Subdiakon" fungierten. Zumeist wurde auch das Allerheiligste ausgesetzt, vor dem man die Messe feierte. Vor allem in der Barockzeit wurde das Evangelium mancherorts auch „dramatisiert", d. h. von verschiedenen Personen gesprochen und sogar szenisch gespielt, was teilweise zu kuriosen Spektakeln führte: „Gleich bey Anfang gehen die Sterne und der Mond recht schön in denen Wolken auf. Vor dem Evangelio zertaillet sich eine Wolken, durch welche sich ein Engel hervorschwinget bis ad cornum epistolae *(rechte Seite des Altars)* in der Höch, ad cornum evangelii *(linke Seite)* aber kniet unser liebe Frau auf einem Bettschamel. Sobald das Evangelium anfanget, stehet sie auf, und da der Diaconus singet: Ave gratia plena, so siehet man diese 3 Word neben des Engels seyn maull illuminierter, und wan er singet: Spiritus (sanctus) superveniet in te, fliecht ein Tauben ad Mariam zu dem Gesicht und sie bekomet gleich einen Schein ..."[7]

Auch die Musik spielte natürlich eine wesentliche Rolle. Nicht immer war das „Rorate caeli" oder „Tauet, Himmel" der erste Gesang; mitunter ging der Feier ein dreimaliger Adventsruf voraus, der – ähnlich wie der Kreuzruf am Karfreitag und der Lichtruf der Osternacht – dann noch zweimal höher angestimmt wurde: „Sie-

he, die Jungfrau wird empfangen und einen Sohn gebären", worauf das Volk antwortete: „Und sein Name wird sein Emmanuel."
Ein anderer verbreiteter Gesang zu Beginn war der dreimalige Ruf: „Siehe, der Herr wird kommen mit all seinen Heiligen. Und an jenem Tag wird ein großes Licht sein" („Ecce, Dominus veniet …").[8] Wo es möglich war, sang der Chor und traten Instrumente zur Feier hinzu.

Änderung nach der Liturgiereform

Wie lange es solche Rorate-Gottesdienste schon gibt, ist nicht bekannt, sicher aber schon seit etlichen Jahrhunderten; in Bayern sind sie seit dem 16. Jahrhundert bezeugt.[9] In der zweiten Hälfte des 20. Jahrhunderts erfuhr dann dieser Brauch der (täglichen) Rorateämter eine zweimalige Änderung: 1960 fiel anlässlich der „Reform der Rubriken" (Anweisungen zur Gestaltung des Gottesdienstes) die Erlaubnis zur täglichen Feier; sie konnten aber mit Genehmigung des Ortsbischofs an den Wochentagen des Advents mit Ausnahme der Weihnachtsvigil (24. 12.) und besonderer Feste weiterhin als Votivmessen gefeiert werden, wenn es dem Frommen der Gläubigen diente und diese zahlreich zusammenkämen. So blieb es zunächst vielfach beim Alten. Sehr kontrovers diskutiert wurde allerdings schon in den 50er Jahren und nach der genannten Rubrikenreform, ob die Roratemesse vor ausgesetztem Allerheiligsten noch erlaubt bzw. überhaupt sinnvoll sei. Zunehmend aber setzte sich die Erkenntnis durch, dass eine Messe vor ausgesetztem Allerheiligsten – bei aller Feierlichkeit und Beliebtheit im Volk – dem Wesen der Eucharistie als vergegenwärtigende Feier zuwiderläuft.[10]

Doch erst die Liturgiereform im Zuge des II. Vatikanums brachte dann eine wirkliche Änderung: Seit dem Messbuch von 1969/1975 sind Roratemessen als Votivmessen zu Ehren der Gottesmutter Maria nur noch an den Wochentagen bis einschließlich dem 16. Dezember möglich, sofern diese nicht durch eine höherrangige Feier belegt sind (Sonntag, Fest, Hochfest); auch an Gedenktagen der Heiligen sind sie möglich.[11] Der Zeitabschnitt zwischen dem 17. und 24. Dezember, der einmal gerade durch die Rorate-Gottesdienste gekennzeichnet war, ist jetzt rangmäßig höher angesetzt und hat eigene Texte, die nicht durch die der Votivmesse ersetzt werden können. Die Beschränkung auf den Vormittag ist aufgehoben, da inzwischen Messen auch am Abend stattfinden können.

Nach wie vor aber sind sie ein sehr beliebter Gottesdienst, wenngleich auch nicht mehr immer als Messe gefeiert. Die in den 70er und 80er Jahren aufgekommene „Frühschicht" hat zumindest äußerlich (Uhrzeit, Licht, anschließendes Frühstück) manche Elemente der Roratemessen – und auch den Namen – in sich aufgenommen.

Heutige Gestaltungsmöglichkeiten
Neben der Einschränkung auf einen bestimmten Zeitraum und bestimmte Tage innerhalb der Adventszeit ist hinsichtlich heutiger Gestaltung vor allem zu nennen, dass sie nicht mehr wie früher stets dieselben Schriftlesungen beinhalten, was sowohl der Theologie des Wortgottesdienstes als auch der Konzeption der Adventszeit widerspricht. Sollte als Messformular die Marienmesse im Advent gewählt werden (MB 1975, 890), können trotzdem die Lesungen vom entsprechenden Wochentag genommen werden. Die Farbe der Gewänder bei einer Marienmesse ist weiß; bei derjenigen vom Tag violett. (Es spricht nichts dagegen, auch an den Tagen vom 17. Dezember an Messen nur mit Kerzenschein zu feiern und ein Roratelied zu singen – nur sollte man sie nicht mehr Roratemessen nennen.)

Nachdem heute Eucharistiefeiern auch am Abend stattfinden können, sind Roratemessen nicht mehr auf den Morgen beschränkt. Dennoch wird man vielfach bei diesem Zeitpunkt bleiben, weil er für viele Menschen wesentlich zum Erlebnis „Rorate" gehört. Wo sie am Abend gefeiert werden, können sie mit einem Luzernarium (Lichtfeier) verbunden werden, wodurch das Licht der Kerzen auch liturgisch eingebunden erscheint.

„Frühschichten" – sofern man nicht auch eine Messe darunter versteht – sind in ihrer Form etwas variabler, sie können sich an die Laudes, an ein so genanntes Morgenlob oder an eine Wort-Gottes-Feier anlehnen; im Mittelpunkt steht aber auch hier die Verkündigung der biblischen Botschaft, die mit Bildern, mit Musik und zeichenhaften Elementen ausgestaltet werden kann.

Roratefeiern können sich auch einem „Adventsgang" anschließen, einem Gebetsgang mit Lichtern, Liedern, Gesängen, Meditationen und Gesprächen – oder als ein solcher begangen werden.[12] Wie auch immer Rorate gefeiert wird – als Messe, Wort-Gottes-Feier, Frühschicht oder in noch anderer Form – die vertrauten Klänge des „Rorate caeli" sollten dabei nicht fehlen, auch wenn sie nicht am Beginn stehen.

Zum vorliegenden Buch
Das vorliegende Buch enthält zahlreiche „Materialien" die zur Feier eines Rorate-Gottesdienstes hilfreich sind – vor allem die „klassischen" Rorate-Gesänge, die man oftmals sucht, aber auch neue Lieder und Bilder in der Tradition der Roratemessen.

Mitarbeiter und Mitarbeiterinnen von Liturgie konkret haben Modelle und Anregungen zur Feier von Rorate-Gottesdiensten als Messe, Wort-Gottes-Feier oder Frühschicht erarbeitet. Sie sind einzelnen adventlichen Motiven zugeordnet, zu denen jeweils drei verschiedene Gottesdienste gestaltet sind. Diese beziehen sich wiederum auf konkrete Tage der einzelnen Adventswochen, an denen Roratemessen möglich sind – vom Montag der 1. Adventswoche bis Freitag der 3. Adventswoche. Für die gerade in dieser Zeit von den Konzilsvätern empfohlenen Homilien werden jeweils kurze Anregungen gegeben.

Anmerkungen

[1] Rupert Mayer, 1941, aus: P. Löcher, Wie's einstens war zur Weihnachtszeit. Ein Buch der Erinnerungen, Ostfildern ³1981, 42.
[2] „Das Beiwort ‚golden' wurde im Mittelalter gerne gebraucht, um etwas Vorzügliches, etwas Hervorragendes zu bezeichnen …": G. M. Zinkl, Die goldenen Samstage, in: Theologisch-praktische Quartalschrift 63 (1910), 754–770; 762. Vgl. auch W. J. Schlierf, Adventus Domini. Geschichte und Theologie des Advents in Liturgie und Brauchtum der westlichen Kirche, Bonn 1988, 243–245.
[3] F. Markmiller, Der Tag, der ist so freudenreich. Advent und Weihnachten (Bairische Volksfrömmigkeit. Brauch und Musik I), Regensburg 1981, 21.
[4] H. Koren, Volksbrauch im Kirchenjahr, Salzburg 1934, 35.
[5] Art. Engelamt 2, in: Wetzer & Weltes Kirchenlexikon 4, 524.
[6] Nach Löcher 45.
[7] Beschreibung einer Rorate-Messe von 1748 im Kloster Mülln, zit. nach Markmiller 20; vgl. auch Zinkl 764.
[8] Löcher 41f.
[9] Nach Markmiller 20.
[10] Vgl. dazu Wilhelm Lurz, Engelamt und Aussetzung des Allerheiligsten, in: Klerusblatt 36 (1956), 384–386; Josef Andreas Jungmann, Rorate und Aussetzungsmesse, in: Klerusblatt 37 (1957), 26f.; Walter Dietzinger, Rorate-Amt und Aussetzung, in: Klerusblatt 41 (1961), 411–413.
[11] Vgl. Allgemeine Einführung in das Römische Messbuch 316 und 333.
[12] Ein Brauch, der sich vor allem in der Schweiz herausgebildet hat.

30 Modelle
für Rorategottesdienste

Verheißungen

Aus Kleinem wird Großes, weil sich Großes klein macht: Dieses Paradoxon umschreibt die Beziehung Gottes zu seinem Volk. Aus einem scheinbar machtlosen Volk geht strahlend der Stern auf, zu dem dereinst die anderen Völker ziehen werden; aus einem abgestorbenen Baumstumpf wächst ein neuer Trieb, der Zukunft bringt: Es ist der Messias, der wie ein guter Hirte sein Volk führt und leitet. Gott selbst beugt sich herab und gibt den Gebeugten neue Hoffnung. Das ist seine Verheißung auch für uns heute.

Stern Jakobs
TEXTE VOM MONTAG DER DRITTEN ADVENTSWOCHE

Eröffnung GL 116 (Gott, heilger Schöpfer aller Stern) *oder* GL 105,1–5 (O Heiland reiß die Himel auf)

Einführung Sterne leuchten und funkeln überall: In den Straßen, in den Schaufenstern der Geschäfte, in vielen Fenstern der Häuser und Wohnungen. Hell sind unsere Straßen geworden, auch in der Nacht. So hell, dass wir die wirklichen Sterne am Himmel oft gar nicht mehr wahrnehmen …

Sterne sind für uns Menschen schon immer ein Zeichen, dass diese unsere Welt in größerem Zusammenhang steht, dass unser Leben hinausweist in die Weite der Liebe dessen, der diese Welt geschaffen hat und in seiner Hand hält. Sterne am Himmel aber sind nur zu finden im Dunkel der Nacht. Wir müssen die Helligkeit hinter uns lassen, die erleuchteten Straßen unserer Städte, wir müssen das Dunkel wieder entdecken, um die Sterne zu sehen. Nur wer das Dunkel erlebt und erspürt, der findet das Licht – der sieht den Stern, der über seinem Leben leuchtet. Gottes Stern lässt sich finden mit wachen Augen, mit einem offenen Herzen.

Kyrie-Rufe Herr Jesus Christus,
du Stern im Dunkel der Nacht: Kyrie eleison.
Du Licht, das die Welt erleuchtet: Christe eleison.
Du Trost in der Trostlosigkeit der Zeit: Kyrie eleison.

Tagesgebet
MB 19
Gütiger Gott, neige dein Ohr und erhöre unsere Bitten. Erleuchte die Finsternis unseres Herzens durch die Ankunft deines Sohnes, der in der Einheit des Heiligen Geistes mit dir lebt und herrscht in alle Ewigkeit.

Lesung Num 24,2–7.15–17a
Antwortpsalm Ps 25; GL 119,3 *(mit Versen aus dem Lektionar im 1. Ton) oder* GL 462,2 (Zu dir, o Gott, erheben wir)
Evangelium Mt 21,23–27

Impuls für eine kurze Homilie

Der Seher Bileam, der auf Verlangen des Königs Balak von Moab das Volk Israel verfluchen soll – er hat eine ganz andere Vision: Er sieht reichen Segen auf Israel niederfließen und einen Stern aufgehen, vielleicht den Herrscher eines fernen Tages, der sich in Israel erheben wird. Was bedeutet diese prophetische Schau eines Sterns für uns heute?

Gottes Stern sehen heißt, Gottes Dasein in der Welt erspüren. Das geht nur, wenn ich mich nicht blenden lasse von oberflächlichem Glanz, von Scheinwerferlicht und Leuchtreklamen. Gottes Stern sehen, das geht nur im Dunkeln. Wenn ich das Dunkel um mich herum spüre, d. h. die Stille, auch einmal die Einsamkeit, vielleicht auch Sorge und Angst, wenn ich nicht nur untertauche im Lärm und der Geschäftigkeit unserer Welt, dann entdecke ich Gottes Leuchten, das heißt, dann finde ich Gottes Spur und kann ihr folgen.

Wir leben in einer sehr lauten und unruhigen Welt, wir sind doch umgeben von einer Überfülle von Reizen und Einflüssen, von Stimmen und Lichtern. Da geht der Blick in die eigentliche Tiefe des Lebens leicht verloren. Und natürlich gerät dann auch Gott schnell in Vergessenheit.

Jesus Christus, der Stern, der „in Jakob aufgeht", dessen Leuchtspur immer noch diese Welt durchzieht, darf nicht einfach in Vergessenheit geraten. Wir müssen einander von diesem Glauben immer wieder erzählen, einander hinweisen auf den leuchtenden Stern und auf die Güte und Menschenfreundlichkeit Gottes. Und das geschieht am besten dadurch, dass wir offen sind und offen bleiben füreinander, dass wir miteinander Gottes Spur suchen.

Wenn wir auf diesen Stern schauen und ihn als Zeichen für uns erkennen, dann müssen wir aufbrechen, dann müssen wir uns auf den Weg machen, dann müssen wir aus uns, aus unserer kleinen, heilen Welt herausgehen, dann müssen wir manchen anstrengenden Weg zurücklegen. Aber diese Mühe führt an ein gutes Ziel. Sie führt hin zu Gott, der uns in Jesus Christus entgegenkommt. Und das heißt, wir dürfen einfach glauben und vertrauen, dass dieser Gott unser Leben, unser Suchen und Fragen, auch einmal unsere Unsicherheit und unseren Zweifel annimmt, dass er uns auf den rechten Weg zum erfüllten und erlösten Leben führt.

Fürbitten

Mit allen, die voll Sehnsucht Ausschau halten nach einem Stern der Hoffnung in ihrem Leben, lasst uns beten zu Gott, der durch die Ankunft seines Sohnes unserer Welt das Heil geschenkt hat: Lass ihnen deinen Stern leuchten, o Gott!
- Wir beten für alle, die in den Gemeinden das Weihnachtsfest vorbereiten, um innere Freude, die sie an andere Menschen ausstrahlen können.
- Wir beten für alle, die ohne Arbeit sind, die keine Heimat haben, die nirgendwo Geborgenheit erfahren, um Menschen, die ihr Schicksal ernst nehmen und dort helfen, wo sie können.
- Wir beten für die Menschen im Heiligen Land, um einen ehrlichen und dauerhaften Frieden und um Befreiung von aller Angst.
- Wir beten für alle Menschen, die uns heute begegnen, für diejenigen, an die wir besonders denken, und auch für uns selbst in unseren Sorgen.

Barmherziger Gott, auch in der Unrast unserer Zeit schauen wir aus nach einem Stern, an dem wir unsere Sehnsucht nach Heil und Frieden im Herzen festmachen können. Durch Jesus Christus ist dein Licht der göttlichen Liebe in unsere Welt gekommen. Durch ihn sei dir Lob und Dank in alle Ewigkeit.

Lieder	GL 111 (Die Nacht ist vorgedrungen) Menschen auf dem Weg durch die dunkle Nacht Wir suchen den Weg (Liederbücher)
Gebet	Barmherziger Gott, wir Menschen sind auf dem Weg durch unsere Welt und Zeit, durch das Dunkel von Sorge, Not und Angst. Wir sehnen uns nach einem Licht, das uns Mut macht, nach einem Stern, der zum Zeichen wird, dass du diese Welt immer noch in deiner Hand hältst. Öffne unsere Augen, dass wir diesen Stern finden, dass wir die Hoffnung und den Mut, den du uns gibst, weitergeben können an die Menschen, die mit uns gehen. Darum bitten wir durch Jesus Christus, unseren Herrn.
Besinnung	Haben Sie den Stern gesehen Gottes Stern der leuchtet im Dunkel der Angst der Sorge der Hoffnungslosigkeit Haben Sie den Stern gesehen nicht die vielen Sterne die überall glitzern und funkeln die einladen zum Einkauf und locken zum Fest der Gefühle der Rührseligkeit nicht die vielen Sterne an den Fenstern hinter denen immer noch der Kummer wohnt Haben Sie den Stern gesehen der leuchtet und uns Hoffnung bringt an dem die Sehnsucht nach Frieden und Geborgenheit sich festmachen kann Haben Sie den Stern gesehen er leuchtet im Dunkeln er leuchtet auch heute Gottes Stern

Hans Würdinger

Wurzel Jesse

TEXTE VOM DIENSTAG DER ERSTEN ADVENTSWOCHE

Eröffnung GL 104 (Tauet, Himmel, aus den Höhn)

Einführung „Tauet, Himmel, aus den Höhn, tauet den Gerechten" Aus vielen Liedern klingt uns der adventliche Ruf entgegen: „Rorate caeli". Dieser Ruf hat auch den Rorate-Gottesdiensten im Advent den Namen gegeben, die oft noch nach altem Brauch in der Dunkelheit der Morgenfrühe oder des Abends im Kerzenlicht gefeiert werden. Lassen wir uns von der besonderen Stimmung dieses milden Lichtes ergreifen. Jesus ist das wahre Licht, das unsere Dunkelheit hell macht. Er ist der erwartete und erhoffte Messias, der Spross aus der Wurzel Isais, der „Wurzel Jesse", den der Prophet Jesaja angekündigt hat. Dieses Bild der Wurzel Jesse, aus der ein junger Trieb zu wachsen und zu blühen beginnt, soll uns in diesem Rorate-Gottesdienst vor Augen stehen.

Kyrie-Rufe Herr Jesus Christus,
komm in unsere dunkle Welt und bringe Licht.
Komm in unsere trostlose Zeit und stille den Durst nach Frieden und Liebe.
Komm in unsere toten Beziehungen zur dir und den Mitmenschen und schaffe neues Leben.

Tagesgebet Herr und Gott, in unserer Bedrängnis rufen wir zu
MB 4 dir, erhöre die Bitten deines Volkes. Bewahre uns vor aller Ansteckung des Bösen und tröste uns durch die Ankunft deines Sohnes, unseres Herrn Jesus Christus, der in der Einheit des Heiligen Geistes mit dir lebt und herrscht in alle Ewigkeit.

Lesung Jes 11,1–10
Antwortpsalm Ps 72; GL 152,1.2
Evangelium Lk 10,21–24

Impuls für eine kurze Homilie bzw. Bildbetrachtung

Die Wurzel Jesse war im Mittelalter ein beliebtes Motiv in der Buchmalerei und in Gemälden oder Schnitzwerken gotischer Altäre. Man sieht am unteren Rand der Darstellung Jesse oder – wie er im heutigen Bibeltext heißt – Isai wie im Schlaf liegend. Aus seinem Schoß wächst ein Baum, dessen Geäst und Blüten nach oben das ganze Bild füllen. Unten am Stamm sieht man mitunter den Sohn Isais, den König David, und dessen Sohn Salomo. Es folgen weitere Könige oder Propheten Israels. Besonders deutlich ist dann meistens Maria, die Mutter Jesu, herausgestellt, und schließlich Jesus selbst in der Krone des Gewächses.

Die Verheißung des Propheten Jesaja wird in diesen Darstellungen aufgegriffen und auf Jesus bezogen. Er ist der Spross aus der Wurzel Isais, der dasteht als Zeichen für die Nationen. Er ist das Reis aus dem Baumstumpf Isais, der junge Trieb, der aus seinen Wurzeln Frucht bringt. Er ist der vom Geist Gottes erfüllte Messias, der Gerechtigkeit und Frieden heraufführen wird. Dieser Frieden soll die ganze Schöpfung betreffen und sogar bis ins Tierreich gehen, so dass nicht mehr die Schwachen von den Starken aufgefressen werden.

Diese messianische Vision vom universalen Frieden *(vgl. auch Antwortpsalm)* hat einerseits etwas Faszinierendes an sich. Andererseits erscheint sie wie ein unerfüllter Traum angesichts der grausamen Realität der Welt in unserer Zeit. Das Bild der Wurzel und des Baumstumpfs zeigt uns aber, dass auch dort, wo für unsere Augen nur Nutzloses und Abgestorbenes zu sehen ist, Leben schlummert und unsichtbar zu keimen beginnen kann. Gott wählt das Unscheinbare, Kleine und scheinbar Bedeutungslose, um daraus Neues, Großes und Herrliches wachsen zu lassen. Er hat den jungen und unerfahrenen Sohn des Isai, David, erwählt und zum König Israels bestimmt. Er hat eine scheinbar unbedeutende junge Frau, Maria, zur Mutter seines Sohnes erwählt.

Das Bild der Wurzel ist ein Zeichen der Hoffnung und des Vertrauens auf Gott. Gehen wir an diese Wurzel. Aus ihr wächst auch unser Leben, das Leben, das aus unserer Verbindung mit Jesus, dem Spross aus der Wurzel Jesse, kommt. Aus dieser „Verwurzelung" kann auch in unserer Zeit das Reich der Gerechtigkeit und des Friedens, der Liebe und des Lichtes wachsen und Gestalt annehmen.

Fürbitten

Wir rufen zu Gott, der auch dort Neues schaffen kann, wo unsere Möglichkeiten erschöpft sind:
- Du hast David, den Sohn Isais, von seiner Herde weggeholt und zum Hirten und König deines Volkes erwählt. – Schenke uns auch heute Menschen, die in der Kraft deines Geistes den priesterlichen Dienst des Hirten und Königs Jesus Christus übernehmen.

Gott, unser Vater:
Wir bitten dich, erhöre uns.
- Aus der Wurzel Jesse und dem Stamm Davids ist Jesus hervorgegangen, dein Sohn und dein ewiges Wort. – Öffne die Augen aller, denen das Licht dieser Wahrheit noch verborgen oder wieder verloren gegangen ist.
- Im Bild der Wurzel, aus der Ungeahntes aufsprießen kann, erkennen wir deine schöpferische Kraft. – Gib allen Christen das Vertrauen, dass du auch heute aus den Wurzeln von scheinbar Verdorrtem neues Leben keimen lässt.
- Der Spross aus der Wurzel Jesse soll ein Zeichen für alle Völker sein. – Lass die Verantwortlichen in den Nationen und in der Weltpolitik die Menschenwürde, die Gerechtigkeit und den Frieden anstreben.

Du unbegreiflicher Gott, alles hast du deinem Sohn übergeben, der uns Unmündigen deine Liebe offenbart. Durch ihn preisen wir dich im Heiligen Geist und danken dir für das Licht deiner Gegenwart, jetzt und in Ewigkeit.

Lieder GL 112 (Herr, send herab uns deinen Sohn)
GL 554 (Wie schön leuchtet der Morgenstern)
Alle Knospen springen auf (Liederbücher)

Gebet Ewiger Gott und Vater, in dieser heiligen Feier haben wir den Ursprung und die Wurzel unseres Glaubens betrachtet, die Wurzel, aus der du deinen Sohn als Mensch hast hervorgehen lassen. Du selbst bist jedoch sein eigentlicher Ursprung. Durch Jesus Christus soll dein Reich kommen und wachsen, das Reich der Gerechtigkeit und des Friedens, das Reich der Liebe und des Lichtes. Führe unseren schwachen und angefochtenen Glauben wieder zu seiner Wurzel und gib ihm von dort neue Kraft durch Christus, unseren Herrn.

Anregung zur Gestaltung
Es legt sich nahe, eine Wurzel in die Mitte der Versammlung zu platzieren – vielleicht auch einen blühenden Zweig oder Blumenstock als Gegenstück daneben. Vielleicht lässt sich das Bild von der Wurzel Jesse mit dem Barbarazweig in Verbindung bringen, den man austeilen könnte (vgl. S. 138).

Das Bild der Wurzel Jesse gibt es z. B. in: Bilder zum Kirchenjahr 1, Dias und Texte zu den biblischen Lesungen, hg. von F. Fichtl, Benziger-Verlag, Zürich u. Köln; Christophorus-Verlag, Freiburg i. Br.; Burkhardthaus-Laetare Verlag, Gelnhausen, 1977, Dia Nr. 3.

Thomas Vollmer

Hirte Israels
Texte vom Dienstag der zweiten Adventswoche

Eröffnung Ecce Dominus veniet (S. 199) *oder* Freut euch im Herrn, denn er ist nah (GL-Diözesananhänge)

Einführung Wer schon einmal einem Hirten oder einer Hirtin bei der Arbeit zugeschaut hat, wird gesehen haben, dass das alles andere als ein romantisches Geschäft ist. Harte Arbeit bei Wind und Wetter, eigenwillige, empfindliche Tiere, eine große Verantwortung. Gott als Hirte – auch das ist ein hartes Geschäft. Wem sonst als ihm allein könnte es gelingen, Menschen zu führen, zu behüten, zu locken, so dass sie das Ziel ihres Lebens erreichen? Wer anderer als er hätte Kraft und Einfühlungsvermögen genug, alle, jede und jeden Einzelne(n), anzunehmen und zu verstehen? Vertrauen wir uns Gott als dem Hirten seines Volkes, als dem Hirten unseres Lebens und als dem Hirten der ganzen Menschheit an.

Kyrie-Rufe Jesus, du kennst uns wie niemand sonst. Herr, erbarme dich.
Du lässt uns im Leben und im Tod nicht aus den Augen. Christus, erbarme dich.
Du gehst uns nach, bis wir uns finden lassen von dir. Herr, erbarme dich.

Tagesgebet
MB 12
Gott des Erbarmens, du hast allen Völkern der Erde das Heil zugesagt. Lass uns voll Freude das Fest der Geburt Christi erwarten und das große Geheimnis seiner Menschwerdung feiern, der in der Einheit des Heiligen Geistes mit dir lebt und herrscht in alle Ewigkeit.

Lesung Jes 40,1–11
Antwortpsalm Ps 96; GL 118,3 *mit* GL 151,3 (VV. 1–4.12–15)
Evangelium Mt 18,12–14

Impuls für eine kurze Homilie

1937 schrieb der isländische Dichter Gunnar Gunnarson eine Adventsgeschichte, die bis heute aufgelegt und gelesen wird: „Advent im Hochgebirge". Sie handelt von einem isländischen Hirten mit Namen Benedikt, der alljährlich im Winter aufbricht, um diejenigen Tiere, die bei der Sammlung der Schafe nicht gefunden wurden, zu suchen und nach Hause zu bringen. Er wird dabei begleitet von seinem Hund Leo und einem Schafbock namens Knorz. Es ist ein langer, gefährlicher Weg in die Berge, den kaum ein anderer unternehmen würde, und die drei, die man scherzhaft die „Dreifaltigkeit" nennt, haben manche Mühsal und Gefahr zu überstehen.

In den langen, kalten und dunklen Nächten unterwegs hat Benedikt Gelegenheit, über seinen Dienst an den Tieren nachzudenken, und was wohl wird, wenn er eines Tages zu alt dafür ist: „Denn es konnte doch nicht die Absicht des Schöpfers sein, die armen Tiere, die hier verirrten und bei der Schafeinsammlung im Herbst nicht gefunden wurden, ihrem Schicksal zu überlassen, wenn er, Benedikt, einmal nicht mehr da war? Das konnte doch wohl seine Absicht nicht sein. Denn wenn auch Schafe nur Schafe sind, so sind sie doch Wesen von Fleisch und Blut, Wesen mit Blut und Leben und Seele."

Es ist eine wunderschöne, ruhige Erzählung – und zugleich eine ergreifende Illustration der Schrifttexte des heutigen Tages. Vielleicht wird einem erst vor dem Hintergrund dieser Beschreibung eines aufopferungsvollen Hirtenlebens deutlich, welch hochachtungsvolles Bild das Volk Israel von seinem Gott hatte. Und vielleicht wird einem in diesem Bild deutlich, wie Jesus selbst den Menschen erschienen sein muss: Als einer, der keinen seinem Schicksal überlässt, sondern sein eigenes damit verknüpft, der den Menschen nachgeht bis in die Selbstgefährdung hinein. Das ist die Botschaft Jesu: „So will auch euer himmlischer Vater nicht, dass einer von diesen Kleinen verlorengeht."

Fürbitten Bitten wir Gott als den guten Hirten:
- Für das Volk Israel, dass es die Kraft findet, Frieden zu schaffen auf seinem geheiligten, geschundenen Boden.
Gott, du unser Hirte, höre uns.
- Für die Bischöfinnen und Bischöfe der christlichen Kirchen, dass sie ihren Leitungsaufgaben in Heiligkeit und Gerechtigkeit nachkommen.
- Für die Frauen und Männer, die Verantwortung tragen, dass sie sich ihren Pflichten mit ganzer Kraft stellen.
- Für die, die niemanden haben, der nach ihnen schaut, dass sie bei dir Halt und Hilfe finden.
- Für unser Gemeinde/Gemeinschaft, dass wir einander gute Hirtinnen und Hirten sind.
- Für die Toten, die in ihrem Leben als schwarze Schafe verschrien waren, dass sie Leben und Anerkennung finden in deiner ewigen Herrlichkeit.

Guter und mitfühlender Gott, lass uns erkennen, welchen Weg wir gehen sollen, damit deine Liebe und Gnade uns tröstet und beschützt. Darum bitten wir durch Jesus Christus, unseren Bruder und Herrn.

Lieder Mein Hirt ist Gott, der Herr (GL-Diözesananhänge)
GL 106,1.2.5 (Kündet allen in der Not)
GL 116,1–3 (Gott, heilger Schöpfer aller Stern)

Gebet Lebendiger Gott, du schaust uns an. Du siehst, was wir brauchen. Lass uns heil und stark werden unter deinem zärtlichen Blick. Lass uns erkennen, welchen Weg wir gehen sollen, damit deine Liebe und Gnade uns tröstet und beschützt. Darum bitten wir durch Jesus Christus, unseren Bruder und Herrn.

Wort auf den Weg

Wer sich traut, schmutzige Finger zu bekommen, den Unbilden der eigenen Natur und der Bequemlichkeit eines gesicherten Lebens zu widerstehen, ist geeignet, Hirtin oder Hirte zu sein – im wörtlichen wie im übertragenen Sinn. Wer Freude an den Verlorenen hat, deren Würde es zu wahren gilt, kann dem Auftrag Gottes, Hüterin/Hüter des Bruders und der Schwester zu sein, entsprechen. Der Lohn dafür ist groß: Gottes Wohlgefallen und sein liebender Blick sind ihm, sind ihr gewiss. Für sie wird das Krumme gerade, die Berge niedrig, die Wege eben. Ihr Leben verwelkt nicht.

Anregung zur Gestaltung
Einen Hirtenstab als Kreuz gestalten. Schafwolle besorgen, jedem/jeder einen Teil davon mitgeben; ein Netz damit knüpfen; jede(n) ein paar Fäden in ein vorbereitetes Webstück einweben lassen.

Aurelia Spendel/Guido Fuchs

Situationen

Der Advent ist die Zeit des „Schon – und noch nicht": Jesus ist gekommen – und Jesus wird kommen. Es ist ein Zeitraum, in dem die Vollendung aller Erwartung noch aussteht. Bewusst wurde daher früher der Advent in Zurückhaltung begangen, um die Menschen gleichsam in diesen Zustand zu versetzen, in den sich auch der begibt, der in die Wüste geht, die Sinnbild der Gottsuche ist. Das Gefängnis, aus dem Johannes nach Jesus fragt, die Krankheit, die Menschen befällt und den Heiland suchen lässt: Es sind auch Bilder adventlicher Situationen, weil aus ihnen Sehnsucht und Hoffnung spricht und der Blick auf das Heil und die Zukunft gerichtet wird.

Wüste

TEXTE VOM DONNERSTAG DER ZWEITEN ADVENTSWOCHE

Eröffnung GL 120,4 (Rorate caeli) *dazu 3 x 2 Verse von* GL 124,2 (Wüste und Öde sollen sich freuen)

Einführung Wir gehen durch die Tage des Advents. Sie können uns manchmal wie eine Wüste erscheinen – eine Wüste der Hektik beispielsweise: Wir sind innerlich wie verdorrt, weil wir jetzt, am Ende des Jahres, von Termin zu Termin hetzen und keine Zeit für die Stille und Besinnung finden, den eigentlichen Sinn der Adventszeit. – Lassen wir diesen Gottesdienst (heute morgen) zu einer Oase werden, in der wir zur Ruhe kommen und uns auf den kommenden Christus hin ausrichten. Die Wüste lebt, wenn sie von Wasser erfüllt wird. Das kann auch das Wort Christi sein, das unserem Leben neue Kraft und Substanz gibt.

Kyrie-Rufe Herr Jesus Christus, du strahlst uns auf als Licht in der Wüste des Lebens.
Herr Jesus Christus, du führst uns auf dem Weg durch die Wüste der Zeit zum Wasser des Lebens.
Herr Jesus Christus, du selbst bist der Weg durch die Wüste unseres Alltags.

Tagesgebet Rüttle unsere Herzen auf, allmächtiger Gott, damit
MB 14 wir deinem Sohn den Weg bereiten und durch seine Ankunft fähig werden, dir in aufrichtiger Gesinnung zu dienen. Darum bitten wir durch ihn, der in der Einheit des Heiligen Geistes mit dir lebt und herrscht in alle Ewigkeit.

Lesung Jes 41,13–20
Antwortpsalm Ps 145; GL 759,1.2 *oder* Dein Wort ist wie ein Regen (S. 183)
Evangelium Mt 11,7b.11–15

Impuls für eine kurze Homilie

Wüste – allein dieses Wort! Es lässt Bilder vor den Augen aufsteigen: flimmernde Luft, aufgerissene Erdkrume, staubtrockenes Land, Sand und Felsen. Nur wenige ganz hartnäckige und widerstandsfähige Pflanzen halten der sengenden Sonne und dem scharfen Wüstenwind stand. Gewaltig und lebensfeindlich ist es hier. Nie wird hier Leben eine echte Chance haben. Und der Blick schweift hinaus ins Weite bis an den Horizont: Diese Landschaft ist verloren.

Es gibt Situationen im Leben, die wie eine Wüste sind – nichts geht mehr. Alles ist dürr geworden, gelähmt und hoffnungslos. Da wäre zwar schon Boden, aus dem noch manches wachsen könnte. Aber es kommt nichts! Es fehlt am Lebenselixier. Wir suchen das Paradies. Aber die Hoffnung darauf ist uns vertrocknet. Unser ganzer Überfluss und die Übersättigung haben uns nicht glücklich gemacht.

Es ist paradox: Bei aller Sehnsucht nach dem Paradies – die Wüste selbst wäre durchaus ein Ort zum Leben, denn sie enthält alles, was man zum Leben braucht. Das wissen seit jeher die Nomaden und Völker der Wüste. Und neue geologische Erkenntnisse sprechen von unermesslichen Reichtümern in der Tiefe unter der Wüste. Nicht nur Erdöl, sondern auch riesige unterirdische Süßwasserseen wurden unter der ausgetrockneten Oberfläche der Libyschen Wüste ausgemacht. Und wenn es einmal regnet, dann sprießen all die Pflanzen innerhalb von Minuten um die Wette, denen man jeden Lebensfunken schon fast abgesprochen hätte. – Wer aber nur auf die sichtbare Oberfläche blickt, erkennt von alledem nichts und sieht nur die lebensfeindlichen Umstände.

Doch die Wüste schreckt nicht nur ab, sie fasziniert uns Menschen aus dem Abendland auch. Für teures Geld werden Wüstenreisen gebucht: Meditation in der Einsamkeit, mit nichts als dem Schlafsack in der klaren Wüstennacht …

Zu allen Zeiten hat die Wüste die Menschen angelockt. Bei uns sind es die Eis- und Steinwüsten im Hochgebirge. Im Morgenland sind es die heißen, trockenen Wüsten. So pilgerte schon die Oberschicht aus Jerusalem in die Wüste zum Täufer Johannes. Und die Eremiten der frühen Kirchengeschichte ließen sich dort nieder. Heute kommen eher die Touristen. Woher rührt diese Sehnsucht nach der Wüste?

Birgt vielleicht die Wüste die Chance, das Leben neu zu entdecken? Denn dort, fern allem Überfluss, ist Stille und Kargheit; alles, was unnütz ist, wird ausgeblendet. Glitzern und Glanz fehlen gänzlich. Ganz tief verborgen in der Sehnsucht nach der Wüste ist wohl der Wunsch, zurück zu den Urgründen zu kommen. In all dem Unwichtigen möchten wir das Entscheidende wieder entdecken. Dann tauchen Erinnerungen auf. In der Rückschau sieht manches anders aus, auch die Zeiten der Not:

Hatte nicht jene Notzeit auch ihre guten Seiten? Sie einte die Menschen und stärkte die Solidarität untereinander. Der Glaube war verankert im Leben. So denken auch unter uns Menschen, wenn sie sich der harten Zeiten des Zweiten Weltkrieges und danach erinnern. Genauso ist die Wüste für die Israeliten zum Symbol geworden. Die vierzig Jahre, die sie nach der Schrift in der Wüste unterwegs waren zum Gelobten Land – im Rückblick wurden sie zu einer Zeit der wunderbaren Geborgenheit bei Gott, des Allein-auf-Gott-Geworfenseins. Und später dann, als die mächtigen Babylonier die Israeliten in die Verbannung an den Euphrat und Tigris führten, da kam es ihnen wieder vor wie eine Wüstenzeit. Aber gerade in den Entbehrungen erfuhren der Glaube und das nationale Selbstverständnis eine ganz tiefe, neue Ausbildung.

Leben in der Wüste ist ein Leben im Advent. Ein Leben in der Hoffnung. Gott kommt auf uns zu. Dies ist nicht zur Zukunftsmusik, denn es ist geschehen. Unsere Hoffnung hat nämlich ein Pfand: Jesus Christus. In ihm keimt in der Wüste Leben auf. Jesus Christus ist dieses lebendige Wasser und die strömende Quelle. Wo Jesus auftritt, tut sich in der Wüste eine Oase auf und die Prophezeiungen werden wahr, dass die Wüste zum blühenden Garten wird. Die Nähe Gottes wird durch Jesus auch heute erlebbare persönliche Wirklichkeit.

Fürbitten Jesus Christus ist die Quelle in den Wüsten unseres Lebens. Wir bitten ihn:
- Für alle Menschen, die eine Durststrecke in ihrem Leben zu durchschreiten haben, dass sie gute Begleiter finden, die ein offenes Ohr für sie haben. Christus, höre uns.
- Für die Menschen, die die Wüste der Enttäuschung durchschreiten müssen, dass in ihnen neue Hoffnung lebendig wird.
- Für die Menschen, die die Wüste der Arbeitslosigkeit durchschreiten müssen, dass sie dennoch einen Sinn und eine sinnvolle Aufgabe in ihrem Leben finden.
- Für die Menschen, die die Wüste der Krankheit durchschreiten müssen, dass sie Menschen finden, die in schweren Stunden für sie da sind und sie aus ihrer Lähmung befreien.

Dir vertrauen wir uns an, Herr Jesus Christus, der du uns durch die Wüste zum Leben führst – zu Gott in Ewigkeit.

Lieder GL 106 (Kündet allen in der Not)
Eingerollt und ausgedörrt (S. 198)
Wir haben Gottes Spuren festgestellt
Mein Gott, welche Freude (Liederbücher)

Gebet Herr Jesus Christus, du führst uns durch die Wüste unserer Zeit. Du selbst wirst uns zur Quelle, wenn wir dir vertrauen und uns von dir leiten lassen. Hilf uns, Wegbegleiter für andere zu werden, damit auch sie die Durststrecken ihres Lebens bestehen. Darum bitten wir dich, unseren Bruder und Herrn.

Anregung zur Gestaltung
Im geistlichen Leben ist „Wüste" eher positiv besetzt: ein Ort oder Zeitabschnitt der Stille und Besinnung. Die Menschen der Bibel haben aber vor allem die bedrohliche Seite erlebt: den Ort, wo es kaum noch Leben gibt und menschliches Leben auf Dauer nicht möglich ist.

- Wo und wie erfahre ich Trockenheit und Wüste?
- Was in meinem Leben, meinem Umfeld ist „versteppt"?
- (Wie) kommt die Aufforderung zur Freude und zum Aufblühen vor diesem Hintergrund bei mir an?
- Gibt es „Durst" (wonach?) in meinem Leben?
- Kann ich der Verheißung Raum geben?

Stefan Buß

Krankheit

Texte vom Montag der zweiten Adventswoche

Eröffnung GL 104 (Tauet, Himmel, aus den Höhn*) oder* Tauet, Himmel, den Gerechten (Diözesananhänge)

Einführung Immer wieder hat das Volk Israel seine Begrenztheit und Hinfälligkeit gespürt und nach einem Erlöser gerufen. „Rorate caeli" – „Tauet, ihr Himmel, von oben" lautet dieser Ruf, den auch wir in diesen Tagen singen. Deutlicher als andere Zeiten des Kirchenjahres macht uns der Advent bewusst, dass wir nicht immer so sind, wie wir es uns wünschen, dass wir oft sehr schnell mit unseren Kräften am Ende sind und wir nicht immer alles so tun können, wie wir es gerne möchten. Wie die Israeliten damals hoffen auch wir auf Gott und schauen aus nach einem Helfer, der uns zur Seite steht. Die alte Gebetshaltung der nach oben geöffneten Hände bringt diese Sehnsucht zum Ausdruck.

Die Gemeinde einladen, Orantenhaltung einzunehmen
Kyrie-Rufe Herr Jesus,
du bist der Helfer, der uns ermutigt.
Du bist der Helfer, der uns tröstet.
Du bist der Helfer, der uns beisteht.

Tagesgebet Gott, unser Vater, wir bereiten uns in diesen Tagen
MB 11 darauf vor, die Menschwerdung deines Sohnes würdig zu feiern. Lass unser Gebet zu dir dringen und segne unser Bemühen, damit unser Leben sich erneuert und die ursprüngliche Reinheit wiedergewinnt. Darum bitten wir durch Jesus Christus.

Lesung Jes 35,1–10
Antwortpsalm Ps 85; GL 123,1.2 (VV. 8–13)
Halleluja GL 530,1 *mit* GL 120,1
Evangelium Lk 5,17–26

Impuls für eine kurze Homilie

Der Advent ist eine Zeit der guten Vorsätze: die Roratemesse mitfeiern, sich mit jemandem endlich wieder einmal treffen, eine längst fällige Aussprache herbeiführen, jemandem eine Überraschung bereiten, für ein besonderes Anliegen beten, einen Kranken besuchen. Weil wir uns von Gott etwas erwarten, weil er uns in der Menschwerdung seines Sohnes Gutes tut, tun auch wir einander Gutes.

Zu solchen Gedanken passt das heutige Evangelium. Es geht um einen Kranken, einen Gelähmten, der ganz auf seine Mitmenschen angewiesen ist. Seine Krankheit hat ihn offensichtlich so teilnahmslos gemacht, dass er nur noch mit sich geschehen lässt. Er spricht nicht, er stellt weder Fragen, noch äußert er Wünsche. Er hat jede Hoffnung auf Heilung aufgegeben. Seine Freunde jedoch sehen noch einen Lichtblick. Sie haben von Jesus gehört und erhoffen sich von ihm, der schon so vielen Menschen geholfen hat, Hilfe. Ihr Glaube und ihr Vertrauen in seine heilende Macht sind so groß, dass sie alle Schwierigkeiten, die sich ihnen in den Weg zu Jesus stellen, mit recht unkonventionellen Mitteln lösen.

Dieser von ihrem Glauben getragene Einsatz der Bahrenträger ist für Jesus ausschlaggebend, den Gelähmten zu heilen. Dabei zeigt er, wie Gott denkt: Wer ihn uneigennützig um etwas bittet, wer sich für jemanden einsetzt, wer Hoffnung verbreitet, wer gute Vorsätze nicht nur fasst, sondern sie auch in die Tat umsetzt, für den ist er da. Er ergänzt, was am menschlichen Bemühen noch fehlt und fügt hinzu, was ein Mensch nicht leisten kann. Er erfüllt eine Bitte und beschenkt darüber hinaus mit dem, worum der Mensch nicht bittet, was für ihn aber lebenswichtig ist. Der Gelähmte, für den sich die Freunde einsetzen, erhält nicht nur die leibliche Gesundheit. Auch seine in Unordnung geratene Beziehung zu Gott bringt Jesus wieder in Ordnung.

Weil es „Bahrenträger" gibt, Menschen, die sich um andere kümmern und für sie bitten, erfährt ein Mensch, der auf die Schattenseite des Lebens gefallen ist, die heilende Nähe Jesu. Weil es Menschen gibt, die den Vorsatz fassen, für andere etwas zu tun, erfahren diese Gott, einen Gott, dem die Menschen nicht gleichgültig sind, einen Gott, der sie gesund und heil macht, der hilft und der rettet. So verwirklicht sich Weihnachten, und so bleibt jetzt der Wunsch, dass wir alle unsere Adventvorsätze nicht nur fassen, sondern auch in diesem Sinne verwirklichen. Vielleicht können wir dabei anderen Menschen aufhelfen, für sie zu „Bahrenträgern" werden. Nicht zuletzt können wir dadurch aus Situationen herauskommen, wo wir uns selbst als „gelähmt" empfinden. Jesus hilft uns dabei.

Fürbitten *Die Gemeinde einladen, auch die Fürbitten in Orantenhaltung zu sprechen*
Lasset uns beten. – Herr Jesus Christus, voll Erwartung und Hoffnung schauen wir nach dir aus und bitten dich: Du, unser Heiland, komm!
- Komm zu allen, die schwach und krank sind.
- Komm zu allen, die unter Depressionen und Schuldgefühlen leiden.
- Komm zu allen, die gering geschätzt und übersehen werden.
- Komm zu allen, denen ihre Last zu schwer wird.
- Komm zu allen, die ihre Schwächen und Grenzen nicht erkennen.
- Komm zu allen, die meinen, keine Hilfe zu brauchen.

Ja, komm, Jesus, unser Heiland und erlöse uns – heute und in Ewigkeit.

Lieder GL 549 (O Herz des Königs aller Welt)
GL 558,1.5–6 (Ich will dich lieben, meine Stärke)
Du bist mein Gott (S. 45)

Gebet Barmherziger Gott, du kennst unsere Schwäche und unsere Hinfälligkeit. Doch je hinfälliger wir sind, umso sichtbarer ist deine Hilfe. Befreie uns von einseitigen und falschen Vorstellungen über Glück und Unglück, über Gesundheit und Krankheit. Gib uns die Kraft, jenen Menschen aufzuhelfen, denen es schlechter geht als uns. Hilf uns, eigene Lähmung zu überwinden und „Bahrenträger" für andere zu werden, damit das Kommen des Heilands Jesus Christus für alle erfahrbar wird, heute und in Ewigkeit.

Besinnung

Du bist mein Gott,
der nach mir fragt,
der nach mir schaut,
der mir vertraut.

Du bist mein Gott,
der um mich weiß,
der mit mir geht,
der zu mir steht.

Du bist mein Gott,
der mit mir spricht,
der sich mir neigt,
der sich mir zeigt.

Du bist mein Gott,
der mich beschenkt,
der an mich denkt,
der mich stets lenkt.

Du bist mein Gott,
auf den ich schau,
auf den ich bau,
dem ich vertrau.

Paul Weismantel © beim Autor

Anregung zur Gestaltung
Nach der Predigt Zeit geben zum Nachdenken: Was wünsche ich einem anderen Gottesdienstbesucher (oder mehreren)? Einen Wunsch auf einen Zettel schreiben und diesen zusammenrollen. Beim Friedensgruß diese Wünsche (und Schriftröllchen) weitergeben.

Hanns Sauter

Du bist mein Gott

T: Paul Weismantel © beim Autor

1. Du bist mein Gott, der nach mir fragt, der nach mir schaut, der mir ver-traut. Du bist mein Gott, du bist mein Gott.
2. Du bist mein Gott, der um mich weiß, der mit mir geht, der zu mir steht. Du bist mein Gott, du bist mein Gott.
3. Du bist mein Gott, der mit mir spricht, der sich mir neigt, der sich mir zeigt. Du bist mein Gott, du bist mein Gott.
4. Du bist mein Gott, der mich be-schenkt, der an mich denkt, der mich stets lenkt. Du bist mein Gott, du bist mein Gott.
5. Du bist mein Gott, auf den ich schau, auf den ich bau, dem ich ver-trau. Du bist mein Gott. Du bist mein Gott. Du bist mein Gott.

M: Jo Werner © beim Komponisten

Gefängnis
T̲e̲x̲t̲e̲ ̲v̲o̲m̲ ̲M̲i̲t̲t̲w̲o̲c̲h̲ ̲d̲e̲r̲ ̲d̲r̲i̲t̲t̲e̲n̲ ̲A̲d̲v̲e̲n̲t̲s̲w̲o̲c̲h̲e̲

Eröffnung GL 105 (O Heiland, reiß die Himmel auf)

Einführung Vielleicht kennen Sie das Gefühl, wie in einem Gefängnis leben zu müssen: Vielfältige Abhängigkeiten und Unfreiheiten können uns Menschen gefangen nehmen. Das Volk Israel erfuhr im Laufe seiner wechselvollen Geschichte immer wieder, was es bedeutet, von fremden Mächten geknechtet und unterdrückt zu werden. In den Jahren der Gefangenschaft und des Exils durchlebte es schwere Zeiten, ließ sich aber die Hoffnung auf das rettende Eingreifen Gottes nicht nehmen. Der Prophet Jesaja erinnert daran: Von Gott allein kommen Gerechtigkeit und Freiheit, Rettung und Schutz. – „Bist du es, der kommen soll?", lässt Johannes der Täufer Jesus aus dem Gefängnis heraus fragen. Auch wir wollen uns an ihn, unseren Erlöser, wenden.

Kyrie-Rufe Herr Jesus Christus, du kannst die Fesseln der Unterdrückung lösen. Herr, erbarme dich.
Herr Jesus Christus, du kannst die Fesseln der Gewalt lösen. Christus, erbarme dich.
Herr Jesus Christus, du kannst die Fesseln der Unfreiheit lösen. Herr, erbarme dich.

Tagesgebet Allmächtiger Gott, gib, dass wir die Ankunft deines Sohnes mit Freude erwarten. Sie schenke uns in diesem Leben heilende Kraft und in der Ewigkeit den verheißenen Lohn. Darum bitten wir durch ihn, Jesus Christus.
MB 21

Lesung Jes 45,6b–8.18.21b–25
Antwortpsalm Ps 85; GL 118,4 *(mit Versen aus dem Lektionar im 6. Ton) oder* GL 123,1.2
Evangelium Lk 7,18b–23

Impuls für eine kurze Homilie bzw. Besinnung

Nicht nur die Zigarettenwerbung spricht von Unbegrenztheit und Sorglosigkeit, von Unabhängigkeit und Eigenständigkeit. Auch in Politik und Gesellschaft sind Freiheit und Selbstbestimmung zwei Schlagworte, die in vielen Bereichen den Ton angeben.

Die Realität sieht leider oftmals ganz anders aus. Wer seine Augen nicht vor der Wirklichkeit verschließt, dem zeigt sich ein weites Feld von Unfreiheit, die meist nicht offen zu Tage tritt, sondern verborgen und versteckt ist. Es gibt vielfältige Fesseln, die unser Leben einschnüren können: schicksalhafte Ereignisse, triebhafte Zwänge, Abhängigkeit von bestimmten Personen oder auch die Ohnmacht angesichts von Terror und Gewalt oder anderer globaler Entwicklungen. Es entstehen Ängste, die uns gefangen nehmen können: Angst vor dem Versagen, Angst vor einer unheilbaren Krankheit, Angst vor dem Sterben.

Obwohl wir äußerlich vielleicht frei sind, fühlen wir uns innerlich manchmal wie im Gefängnis oder im Exil, heimatlos, fernab von echter Lebensfreude und einem tragenden Lebensgrund. Doch wer kann uns befreien aus Resignation, Angst und Unfreiheit? Wer kann unser inneres Gefängnis aufbrechen?

Im Advent lenken wir unseren Blick auf Jesus Christus, jenen Messias, den das Volk Israel wie den Tau vom Himmel her erwartete. Er ist unser Erlöser, er kann unsere inneren Fesseln lösen und uns wirklich befreien. Wer sich ganz Jesus anvertrauen kann, wer ihm sein Innerstes öffnet, der wird eine unbegrenzte Freiheit in seinem Herzen spüren: Verstrickungen werden gelöst, Ängste schwinden, das Leben hat einen letzten, unzerstörbaren Sinn. Jesus schenkt uns eine unbegrenzte, wahre Freiheit, die wir nirgendwo anders finden können. Die christlichen Märtyrer und Widerstandskämpfer lehren uns: Selbst in äußerer Unfreiheit kann uns niemand dieser inneren Freiheit berauben, wenn wir an Jesus festhalten.

Fürbitten An Jesus wandte sich Johannes der Täufer, als er im Gefängnis saß. Auch wir richten unsere Anliegen an unseren Erlöser und Befreier und bitten ihn:
- Für alle, die im Dienst der Verkündigung tätig sind: dass sie deine befreiende Botschaft durch ihr Leben glaubhaft bezeugen.

Christus, höre uns.
- Für alle, die unter Depressionen leiden: dass ihre Ängste schwinden.
- Für alle, die sich in Zwänge und Abhängigkeiten verstrickt haben: dass sie ihre Unfreiheit überwinden können.
- Für alle, die keinen Sinn in ihrem Leben sehen: dass sie dich als tragenden Grund ihres Lebens erfahren.
- Für alle, die in Haft gehalten werden: dass sie hier nicht tiefer abrutschen, sondern den Blick auf eine gute Zukunft gerichtet haben.

Herr Jesus, wir wissen, dass du es bist, der gekommen ist, Menschen aus ihren Gefängnissen zu befreien und Kranke zu heilen. Dir danken wir heute und alle Tage unseres Lebens.

Lieder GL 106 (Kündet allen in der Not)
GL 108 (Komm, du Heiland aller Welt)
Menschen auf dem Weg durch die dunkle Nacht
Seht, neuer Morgen (Liederbücher)

Gebet Starker Gott, du willst dein Volk in die Freiheit führen, du eröffnest uns Wege aus Unfreiheit und Gefangenschaft. Wir danken dir, dass du uns den Retter gesandt hast, den wir erhoffen, Jesus Christus, unseren Heiland und Erlöser, der in der Einheit des Heiligen Geistes mit dir lebt und herrscht in alle Ewigkeit.

Anregung zur Gestaltung
Eine Fessel als Symbol zeigen, die dann gelöst wird.

Andreas Karl Straub

Tugenden

Der Advent zählt zu den „geprägten Zeiten" – und er kann auch in uns etwas ausprägen. Letztlich ist der verstärkte Besuch der Gottesdienste gerade in dieser Zeit auch ein Ausdruck des Wunsches nach Stärkung: im Glauben durch das Hören des Gotteswortes und im Erleben der Gemeinschaft; in der Hoffnung durch den Blick auf die Wiederkunft des Herrn und das Kommen des Reiches Gottes; in der Liebe durch das Vorbild Christi, der Mitleid mit den Menschen hatte und uns damit ein Beispiel gegeben hat, wie auch wir handeln sollen. Glaube, Hoffnung und Liebe als von Gott geschenkte Tugenden, die unserer gelähmten Kraft entgegenstehen: Um sie sollen wir beten.

Glaube
TEXTE VOM FREITAG DER ERSTEN ADVENTSWOCHE
(ODER MONTAG DER ERSTEN BZW. MONTAG DER ZWEITEN ADVENTSWOCHE)

Eröffnung GL 588 (Sagt an, wer ist doch diese)

Einführung Menschen, die die Welt verändern – das hört sich nach großen Namen an, nach Wissenschaftlern, die durch ihre Erkenntnisse für medizinischen und technischen Fortschritt gesorgt und Unglaubliches erreicht haben, nach Erfindern oder auch nach großen Politikern. Doch gehört nicht auch die Gottesmutter dazu, die durch ihr schlichtes Ja zu einem unkalkulierbaren Auftrag die Welt verändert hat? Maria, das unbekannte Mädchen aus Nazaret, war zwar über die Botschaft des Engels erschrocken, hat sich jedoch auf Gottes Zusage: „Fürchte dich nicht" verlassen. Glaube ist immer ein Wagnis, weil er unsere ganz persönliche Entscheidung und bedingungsloses Vertrauen erfordert. Aber dafür können wir auch Wunder erleben und gewiss sein, dass die Garantiezeit für Gottes Beistand niemals abläuft.

Kyrie-Rufe Herr Jesus Christus, wer nach dir sucht, dem werden die Augen geöffnet. Kyrie eleison.
Wer auf dein Wort hört, kann aufstehen und ein neues Leben beginnen. Christe eleison.
Wer auf dich vertraut, kann Wunder erleben. Kyrie eleison.

Tagesgebet
MB 7
Biete auf deine Macht, Herr, unser Gott, und komm. Entreiße uns den Gefahren, in die unsere Sünden uns bringen. Mache uns frei und rette uns. Darum bitten wir durch Jesus Christus, deinen Sohn, unseren Herrn und Gott, der in der Einheit des Heiligen Geistes mit dir lebt und herrscht in alle Ewigkeit.

Lesung Jes 29,17–24
Antwortpsalm Ps 27; GL 487 *mit* GL 719,2 (VV. 1–2.5–6.16–17)
Evangelium Mt 9,27–31

Impuls für eine kurze Homilie

Eines fällt auf: Bevor Gott in das Leben eines Menschen eingreift, wartet er auf dessen persönliche Entscheidung wie bei Maria. Auch Kranke werden nicht einfach im Vorübergehen geheilt, sondern erst, wenn Jesus darum gebeten wird – sei es, dass sie selbst um sein Erbarmen rufen wie die zwei Blinden, die ihm folgten, oder dass andere ihn darum bitten wie jener Hauptmann, der für seinen gelähmten Diener spricht, oder gar die Männer, die einen Gelähmten durch das Dach zu Jesus herablassen.

Dann nimmt er sich Zeit, wendet sich den Betroffenen zu und erspürt deren Bedürfnisse. Denn nur wer wirklich gesund werden möchte, also zu einer Lebenswende bereit ist, kann geheilt werden. Zudem kann Jesus nur dort Wunder vollbringen, wo Menschen aus tiefem Glauben heraus darauf vertrauen, dass Gott zwar nicht all unsere Wünsche, aber dafür all seine Verheißungen so erfüllt, wie es für uns am besten ist. So handelt er auch im Falle des gelähmten Mannes, den seine Freunde durch das Dach zu Jesus herablassen, auf ihr Tun hin, weil der Kranke nicht für sich sprechen kann: „Als er *ihren* Glauben sah, sagte er: Deine Sünden sind dir vergeben." Die beiden Blinden fragt er: „Glaubt ihr, dass ich euch helfen kann?", was diese bejahen. Und auch im Falle des Hauptmanns wirkt er auf dessen staunenswerten Glauben hin.

Bitten wir in diesen Tagen um einen solchen Glauben, der in der tiefen Sehnsucht nach Gott und der Hinkehr zu ihm wurzelt, der offen ist für sein Handeln an uns.

Fürbitten Mit gläubigem Vertrauen wenden wir uns in diesen Adventstagen an Jesus Christus und bitten:
- Menschen sind orientierungslos und suchen nach einem Halt in ihrem Leben. Nimm sie durch begeisterte Christen an die Hand.
Christus, du unsere Hoffnung:
Wir bitten dich, erhöre uns.
- Menschen suchen nach einem Licht in der Finsternis. Erleuchte du ihre Herzen in diesen dunklen Tagen und schenke ihnen neuen Lebensmut.
- Kinder freuen sich auf Weihnachten. Schenke ihnen Geborgenheit und liebevolle Wegbegleiter, die sie zu dir, dem Kind in der Krippe, führen.
- Kranke und Not Leidende warten auf Zuwendung und konkrete Hilfe. Lass sie deine Treue in guten Menschen erkennen.
- Sterbende haben Angst vor ihrem letzten Weg. Stärke ihren Glauben, dass du sie erwartest.
- Viele Menschen überfordern sich in der Adventszeit. Hilf ihnen, Wichtiges von Unwichtigem zu unterscheiden, damit sie dich nicht verpassen.

Liebender Gott, wir warten auf die Geburt deines Sohnes und vertrauen dir wie Maria unser Leben an, heute und für alle Zeit.

Lieder GL 555,1–2.4 (Wie schön leuchtet der Morgenstern)
GL 258,1.3–4 (Lobe den Herren)
GL 577,1–3 (Maria, Mutter unseres Herrn)
Ich glaub an einen Gott, der singt
Menschen auf dem Weg (Liederbücher)

Gebet Treusorgender Gott, die Heilsangebote unserer Zeit sind vielfältig und verlockend, halten aber oft nicht, was sie versprechen. Auf der Suche nach einem tragenden Grund für unser Leben kommst du uns in deinem Sohn entgegen. Wenn wir auf ihn vertrauen, können wir Wunder erleben und mutig in die Zukunft blicken. Wir danken dir für deine Liebe durch ihn, Christus, unseren Herrn.

Besinnung   Glauben – ein Wagnis. Aber ist nicht unser ganzes Leben ein Risiko? Was erwartet uns nach dieser Zeit der Besinnung?
Werden wir unsere Arbeit bewältigen?
Werden wir mit Krankheit und Unglück konfrontiert?
Wird eine Freundschaft zerbrechen?
Werden wir einen lieben Menschen verlieren?
Was kommt überhaupt nach dem Tod?
Es wird auch viele frohe Stunden geben. Doch wer bestimmt unser Schicksal? Welche unbekannte Macht kann neben unserem gütigen Gott bestehen? Da schon unser ganzes Leben lebensgefährlich ist, bedeutet die Nachfolge Jesu zumindest ein Abenteuer mit doppeltem Boden. Denn tiefer als in Gottes Hand können wir niemals fallen.

Anregung zur Gestaltung

Menschen, die die Welt verändern, hinterlassen Spuren. Welche Spuren möchte ich hinterlassen, indem ich die Welt um mich herum in kleinen Dingen verändere?

Eine Vorbereitungsgruppe hat Fußspuren aus buntem Tonpapier ausgeschnitten, die verteilt werden. Jeder notiert sich in einer Zeit der Stille, eventuell untermalt von meditativer Musik, seine Vorhaben (Streit beilegen, Krankenbesuch, sich Zeit nehmen für die persönliche Gottesbeziehung, Plätzchen backen mit den Kindern etc.). Anschließend können die Fußspuren als kleine Erinnerungen mit nach Hause genommen werden.

An einer Pinnwand oder auf dem Boden ist zu lesen „Fürchte dich nicht". Zettel werden verteilt, auf denen jeder Teilnehmer Ängste, Sorgen und Hoffnungen notieren kann. Die Zettel werden angeheftet oder auf dem Boden um den Mittelpunkt gruppiert, so dass sie symbolisch vor Gott getragen werden. Die Anliegen können in Stille ins Fürbittgebet eingeschlossen werden oder auch in der Kirche verbleiben, um andere Besucher zum vertrauensvollen Gebet zu ermutigen.

Sabine Bruß

Hoffnung
Texte vom Samstag der ersten Adventswoche

Eröffnung	GL 105,1–5 (O Heiland, reiß die Himmel auf)
Einführung	„Wo bleibst du, Trost der ganzen Welt, darauf sie all ihr Hoffnung stellt?" (GL 105,4) – Die Frage, die Friedrich Spee in seinem Lied vor fast vierhundert Jahren stellte, ist noch immer aktuell. Dabei geht es uns doch gut, verglichen mit seiner Zeit des Dreißigjährigen Krieges. Und nochmals viel besser als den Menschen zur Zeit des Jesaja, der die Sehnsucht des unterdrückten Volkes in die Worte fasste: „Tauet, ihr Himmel, von oben, ihr Wolken lasst Gerechtigkeit regnen."
	Doch Hoffnung macht sich nicht allein am Frieden oder Wohlstand fest. Da müsste es uns freilich gut gehen. Doch über unserem Land und über vielen Menschen liegt derzeit ein Schleier, eine Depression, eine Perspektivlosigkeit. – „Als Jesus die vielen Menschen sah, hatte er Mitleid mit ihnen, denn sie waren müde und erschöpft", berichtet der Evangelist Matthäus. – Setzen wir auch heute noch unsere Hoffnung auf ihn?
Kyrie-Rufe	Herr Jesus Christus, du schenkst Hoffnung, weil du dem Leben einen Sinn gibst. Kyrie eleison. Du schaffst Licht in Dunkelheit, weil du die Liebe zueinander zum neuen Gebot machst. – Christe eleison. Du gibst Perspektive, weil du uns ein Leben nach dem Tod in Aussicht stellst. – Kyrie eleison.
Tagesgebet MB 9	Barmherziger Gott, du hast deinen Sohn in diese Welt gesandt, um die Menschen aus der alten Knechtschaft zu erlösen. Schenke allen, die auf deine Hilfe warten, die Freiheit des neuen Lebens. Darum bitten wir durch ihn, Jesus Christus.

Lesung Jes 30,19–21.23–26
Antwortpsalm Ps 147; GL 760,1.2
Evangelium Mt 9,35 – 10,1.6–8

Impuls für eine kurze Homilie

Alle zwei Jahre ruhen die Hoffnungen vieler Länder auf zwei Dutzend Männer in kurzen Hosen, die ausgesandt werden, um bei einer Europa- oder Weltmeisterschaft im Fußball zu siegen und für ihre Heimat Ehre einzulegen. Kommen sie in dem Turnier recht weit, werden sie zu „Helden der Nation"; entscheidende Tore machen einen Spieler zum „Fußballgott" und eine siegreiche Taktik erhebt den Trainer gar in den Olymp. Das Abschneiden der Auswahlmannschaft, so wurde festgestellt, hat sogar Auswirkungen auf nationale Wahlen, in jedem Fall aber auf die Stimmung der Bevölkerung. Und das die Endrunde ausrichtende Land erhofft sich von den Wochen des Turniers einen wirtschaftlichen Aufschwung sondergleichen – kein Wunder, dass sich jeweils viele Länder um die Ausrichtung bemühen. Das alles spielt eine Rolle, wenn es darum geht, „das Runde ins Eckige" zu befördern, ein Spiel zu gewinnen.

Einen ähnlich schweren Auftrag wie die Fußball-Nationalspieler erhalten heute die Jünger von Jesus. Er verlangt von ihnen nichts Geringeres, als dass sie Tote aufwecken, Aussätzige rein machen, Dämonen austreiben. Das sind sozusagen ihre Gruppenspiele, die sie gewinnen müssen. Ihre Mission freilich weist noch darüber hinaus: „Geht und verkündet: Das Himmelreich ist nahe." Er hätte auch sagen können: Gebt den Menschen eine Perspektive, gebt ihnen Hoffnung, schafft den Aufschwung! Denn darum geht es überhaupt, deshalb werden sie auch „zu den verlorenen Schafen des Hauses Israel" geschickt, zu denen also, die Jesus als „müde und erschöpft", als ausgebrannt und hoffnungslos selbst erlebt hatte, und zu denen er sich von seinem Vater als Heiland gesandt wusste.

Haben die Jünger das geschafft, haben sie ihre Mission erfüllt? Diese Frage kann man ohne Zweifel bejahen. Der Glaube an Christus hätte sich in den ersten Jahrhunderten der Kirche nie so verbreitet, wenn es all den Jüngerinnen und Jüngern nicht gelungen wäre, Hoffnung und Zuversicht zu verströmen, wenn es nicht die Menschen erlebt hätten, dass von diesen Christus-Gläubigen ein neuer Geist ausgeht und bei ihnen eine Liebe zu den Menschen herrscht, die ihresgleichen sucht.

In unserer Zeit nun sind wir diejenigen, die gesandt sind, Hoffnung zu wecken, die Nähe des Reiches Gottes zu verkünden. Unsere Einzelaufgaben sind je verschieden. Wir müssen vielleicht nicht Tote aufwecken und Aussätzige rein machen. Aber auch wir sollen denen, die müde und erschöpft sind, die keine Perspektive haben, von unserer Hoffnung erzählen. Können wir unsere Mission erfüllen?

Fürbitten

Zu Jesus Christus, dem guten Hirten, lasst uns beten und ihn bitten:
- Um Arbeiter im Weinberg des Herrn, Priester, Diakone und Ordensleute, die sich in den Dienst des Evangeliums stellen.
Christus, höre uns.
- Um ein gutes und liebevolles Miteinander in unserer Gemeinde, das andere Menschen anzieht und ihnen Hoffnung gibt.
- Um ein Ende der Auseinandersetzungen und Kriege, vor allem des Terrors im Heiligen Land.
- Um Kraft und Hoffnung für alle Leidenden und Kranken.
- Um einen starken Glauben für alle Sterbenden, dass ein liebevoller Vater ihnen entgegenkommt.
- Um Stärkung unseres eigenen Glaubens, damit wir von unserer Hoffnung erzählen können.

Herr, unser Gott, du selbst heilst die Leiden deines Volkes und verbindest seine Wunden. Du bist uns nahe und sorgst für uns in Jesus Christus, unserem Bruder und Herrn.

Lieder GL 637 (Lasst uns loben)
GL 594,1.5–6 (Maria, dich lieben)
GL 111,1.4–5 (Die Nacht ist vorgedrungen)
Menschen auf dem Weg durch die dunkle Nacht
Meine Hoffnung und meine Freude (Liederbücher)

Gebet Gott, immer mehr Menschen verlieren bei uns die Hoffnung – weil sie keine Arbeit mehr haben, weil sie keine Zukunft sehen, weil sie nicht wissen, wie sie die vielen Probleme unserer Zeit bewältigen sollen. Sie sind müde und erschöpft. Lass uns aus dem Glauben an dich so leben und handeln, dass durch uns ein kleines Licht in diese Welt dringt, das sie heller machen kann. Darum bitten wir durch Jesus Christus, den guten Hirten, der mit uns litt, weil er Mitleid mit uns hatte, unser Bruder und unser Herr.
Guido Fuchs

Besinnung Suchende sind wir, Herr, nach einem Sinn.
Lass uns finden hinter den Worten:
Dein Wort.
Hoffende sind wir, Herr,
auf ein Zeichen.
Lass uns sehen zwischen den Zeilen:
Dein Antlitz.
Tastende sind wir, Herr,
nach einem Grund.
Lass uns begreifen hinter den Sätzen:
Dein Geheimnis.
Wartende sind wir Herr,
auf ein Echo.
Lass uns hören zwischen den Pausen:
Dein Atmen.
Alois Albrecht © brim Autor

Liebe
Texte vom Mittwoch der ersten Adventswoche

Eröffnung	GL 120,4 (Rorate caeli – *mit* Chorbuch zum GL *oder* S. 180) *oder* Tauet, Himmel, den Gerechten (GL-Diözesananhänge)
Einführung	In Zeiten, die uns viel abverlangen, weil sie gefüllt sind mit Terminen, Unternehmungen, Vorbereitungen und Erwartungen, reagieren wir manchmal genervt, gehetzt und gereizt. Menschen, die uns brauchen oder etwas von uns möchten, werden billig abgespeist. Auch der Advent ist leider eine solche Zeit, die viel von uns fordert: Zur gewöhnlichen Arbeit kommen noch die vielen Vorbereitungen auf Weihnachten hinzu; Menschen brauchen uns und auch wir selbst haben in dieser besonderen Zeit einen höheren Anspruch an uns selbst. Sich selbst und anderen etwas Gutes tun: Auch das ist im Advent wichtig. Darum führt uns der Advent mit seinen verschiedenen Motiven auch das der Liebe vor Augen. Gottes Liebe will zur Welt kommen. Sie will in uns Hand und Fuß bekommen. So wie jetzt, wenn er in Liebe zu uns spricht und sich uns in Liebe schenkt.
Kyrie-Rufe	Herr Jesus Christus, aus Liebe zu uns Menschen bist du in die Welt gekommen. In Liebe hast du dich der Menschen angenommen. Durch Liebe hast du uns Zeugnis gegeben von Gottes Beistand und Nähe.
Tagesgebet *MB 5*	Herr, unser Gott, bereite durch das Wirken deiner Gnade unser Herz, damit wir bei der Ankunft deines Sohnes würdig sind, am himmlischen Gastmahl teilzunehmen und aus seiner Hand die Speise des ewigen Lebens zu empfangen. Darum bitten wir durch ihn, Jesus Christus.

Lesung Jes 25,6–10a
Antwortpsalm Ps 23; GL 649,1 *(mit Versen aus dem Lektionar im 5. Ton) oder* GL 718,1.2 *oder* Mein Hirt ist Gott, der Herr (GL-Diözesananhänge)
Evangelium Mt 15,29–37

Impuls für eine kurze Homilie

Wie freuen wir uns auf den Advent, die Zeit, die uns mit so vielen Erinnerungen aus unserer Kindheit verbindet. Mit Tannenduft gefüllte Zimmer, Plätzchengeruch im ganzen Haus, Abende bei Kerzenschein, altvertraute Lieder und heimliches Geschenke-Verpacken – eine selige Zeit, die viele anrührt. Doch stärker als diese Äußerlichkeiten macht Gott diese Zeit selig, weil er uns anrührt im wahrsten Sinne des Wortes: In Jesus Christus ist seine Liebe Fleisch geworden, um uns heil und selig zu machen.

Das verdeutlicht auch das heutige Evangelium. Viele Menschen kommen darin mit ihren Gebrechen und Krankheiten zu Jesus. Sie alle erhoffen sich von ihm Heilung. Und Jesus weist keinen zurück. Er nimmt sich all dieser Menschen an, auch wenn er drei Tage damit beschäftigt ist, ihnen das zu geben, was sie suchen. Drei Tage lässt er sich voll und ganz von ihnen in Anspruch nehmen – aus Liebe. Er will, dass alle spüren können, dass sie geliebt und angenommen sind.

Beeindruckend ist aber, dass er nach diesen gefüllten und arbeitsreichen drei Tagen nicht einfach die Ruhe sucht und die Leute wegschickt: Sie haben ja nun empfangen, was sie wollten. Vielmehr heißt es von ihm, dass er Mitleid mit diesen Menschen empfand. Hatte er denn zuvor noch kein Mitleid mit ihnen? Doch – aber er erfüllte an ihnen lediglich einen Dienst, den sie von ihm erwartet hatten. Das Heilen gehört zu seinen Aufgaben, es ist sein „tägliches Geschäft". In der Speisung tut er aber einen Liebesdienst an ihnen, den sie nicht von ihm erwartet haben. Deshalb kommt seine große Liebe zu den Menschen gerade darin zum Ausdruck.

Diese Liebe Gottes will auch heute noch geboren werden. Sie sucht auch heute noch Menschen, die ihr Hand und Fuß geben. Dies muss aber nicht in großartigen Aktionen geschehen. Auch Jesus zeigt seine Liebe zu den Menschen nicht so sehr in den Heilungswundern, sondern vielmehr im alltäglichen Brotbrechen. Das kann uns motivieren, im Advent auch für Menschen einen Dienst zu tun, mit dem sie nicht rechnen, wodurch sie aber spüren können, dass sie geliebt sind.

Liebe ist darum ein adventliches Motiv. Der Advent will uns an die Liebe erinnern, mit der wir geliebt werden, aber auch daran, dass wir selbst berufen sind, einander Liebe zu schenken.

Fürbitten

In vielen bedrückenden Situationen erfahren wir einen Mangel an Liebe. Tragen wir sie vor Jesus Christus, der Mitleid mit den Menschen hat.

- Viele Menschen unter uns sind einsam: Herr, lass sie deine Liebe erfahren durch den Besuch, den Beistand und die Hilfe anderer Menschen.
  Heiland der Welt:
  Wir bitten dich, erhöre uns.
- Viele Menschen fühlen sich durch Krankheit ausgeschlossen: Herr, gib ihnen Kraft, Hoffnung und Zuversicht, damit sie an deiner Liebe nicht verzweifeln.
- Viele Menschen sind durch Gefühlskälte wie eingeschlossen in sich: Herr, brich ihre Herzen auf, damit sie in Liebe die Not und die Anliegen der Mitmenschen spüren.
- Viele Menschen haben durch Krieg oder Katastrophen ihre Heimat verloren: Herr, lass sie Frieden und Geborgenheit finden, in der sie neu deiner Liebe vertrauen können.
- Viele Menschen leiden unter Krieg und Unfrieden: Herr, gib ihnen Kraft und Mut zu Schritten der Versöhnung und Wegen des Friedens, durch die deine Liebe greifbar wird.

- Viele Menschen trauern um verstorbene Freunde oder Angehörige: Herr, tröste sie im Glauben, dass unsere Toten in deiner Liebe für immer geborgen sind.

Herr, unser Gott, du bist jeden Tag für uns da und geleitest uns auch durch so manche Lieblosigkeit unseres Lebens. Deine Liebe verlässt uns nicht. Dafür danken wir dir heute, morgen und in Ewigkeit.

Lieder GL 618 (Brich dem Hungrigen dein Brot)
GL 107,1–2.4 (Macht hoch die Tür)
Wo Menschen sich vergessen
Herr, deine Liebe hat Menschen berührt
Gib mir Liebe ins Herz, lass mich leuchten
Liebe ist nicht nur ein Wort (Liederbücher)

Gebet Gott, unser Vater. Du bist uns wieder nahe gekommen mit deiner froh machenden Botschaft. In Jesus ist dein liebendes Wort Fleisch geworden und hat in ihm Hand und Fuß bekommen. Lass uns von seinem Beispiel der Liebe zu uns Menschen lernen, wie auch wir in Güte und Wohlwollen einander begegnen können, damit deine Liebe auch heute noch in unserer Welt geboren wird und unverstellt aufleuchtet. Darum bitten wir durch Jesus Christus, unseren Bruder und Herrn.

Besinnung Gottes liebendes Wort
kannst du hören,
wenn du aufmerksam genug
auf-nehmen kannst.
Gottes liebende Zeichen
kannst du spüren,
wenn du feinfühlig genug
wahr-nehmen kannst.
Gottes liebevolle Geschenke
kannst du empfangen,
wenn du bereitwillig genug
an-nehmen kannst.

Anregung zur Gestaltung als Frühschicht
In der Mitte des Kreises wird ein Strauß mit Rosen als Zeichen der Liebe aufgestellt. Dazu werden für alle Teilnehmer Papierrosen bereitgestellt (die zuvor gebastelt werden müssen). Am besten ist es, wenn die Blütenblätter zunächst nach innen gefaltet sind und somit noch verschlossene Blüten darstellen, die sich aber „entfalten" können.

In der *Einführung* kann man auf die Rose als Zeichen der Liebe eingehen: Wir schenken uns Rosen, wenn wir einem anderen Menschen unsere Wertschätzung, Achtung und Liebe zeigen wollen. Wir schenken uns Rosen, wenn wir unseren Worten, die von Liebe sprechen, ein sichtbares Zeichen geben wollen. Eventuell lässt sich mit allen Teilnehmenden auch ein kleines Gespräch darüber führen, was mir die Rose bedeutet und wann ich sie als Ausdruck meiner Liebe einsetzen würde.

Auch nach dem *Evangelium* lässt sich ein kurzer Austausch darüber führen, wie wir Gottes Liebe erfahren.

Die *Fürbitten* können frei gestaltet werden. Im Gebet erweisen wir all den Menschen, an die wir denken und für die wir bitten, einen Liebesdienst. Als Zeichen dafür, dass durch unser Gebet bereits etwas von unserer Liebe aufstrahlt, kann man in die Papierrose ein brennendes Teelicht stellen.

Nun kann man die Papierrosen austeilen. Alle Teilnehmenden können sich überlegen, wem sie heute eine Rose sein können, wem sie Liebe schenken können und wodurch. Sie können den Namen des betreffenden Menschen in die Rose schreiben und auch die Weise, wie sie es tun wollen.

Stephan Schwab

Advents-Haltungen

Der Advent gilt – allen Erfahrungen zum Trotz – noch immer als Zeit der Besinnung und der Ruhe. Früher war der Advent sogar eine Art zweiter Bußzeit: Der Umkehrruf des Täufers Johannes betraf nicht nur die Menschen seiner Zeit. Mit dem Advent ist auch vielfach das Warten verbunden; doch es bezieht sich keinesfalls nur auf das Weihnachtsfest. Vielmehr zeigt die Erstreckung des Kirchenjahres von Advent bis Advent, dass das Warten auf das endgültige Offenbarwerden der Herrlichkeit Gott das Wesen unserer Liturgie zum Ausdruck bringt: „Deinen Tod, o Herr, verkünden wir und deine Auferstehung preisen wir, bis du kommst in Herrlichkeit."

Ruhe

TEXTE VOM MITTWOCH ZWEITEN ADVENTSWOCHE

Eröffnung GL 116,1–2.6 (Gott, heilger Schöpfer aller Stern)

Einführung Vor uns stehen *(In unseren Händen halten wir)* die brennenden Kerzen. Auf ihre Stille und Ruhe, die sie ausströmen, wollen wir uns in dieser Feier einlassen. Wir haben uns herausgenommen aus der Betriebsamkeit der Adventstage. Sie scheint leider oft unserem Wunsch nach Ruhe, Stille, Besinnlichkeit entgegenzuwirken. Doch es liegt an uns, inwieweit uns die äußeren Dinge so gefangen nehmen, dass wir nicht mehr fähig sind, zur Ruhe zu kommen. So wollen wir jetzt in Stille vor Gott sein.
„Kommt alle zu mir. Ich will euch Ruhe verschaffen", sagt der Herr uns heute zu. Öffnen wir uns für ihn im Wort und Sakrament und bitten wir ihn um seine Hilfe und sein Erbarmen.

Kyrie-Rufe Christus, Herr auch unsrer Zeit, machst zum Frieden uns bereit. Christus, Herr, erbarme dich.
nach GL 524
Du unsrer Mühsal Rast, nimmst von uns Schuld und Last. Christus, erbarme dich.
Du der Trost der ganzen Welt, der die Dunkelheit erhellt. Christus, Herr, erbarme dich.

Tagesgebet Allmächtiger Gott, du hast uns durch Johannes den Täufer gemahnt, Christus, dem Herrn, den Weg zu bereiten. Stärke uns mit deiner Kraft, damit wir nicht müde werden, diesem Ruf zu folgen, sondern die tröstende Ankunft dessen erwarten, der uns Heilung bringt. Darum bitten wir durch ihn, Jesus Christus.
MB 13

Lesung Jes 40,25–31
Antwortpsalm Ps 103; GL 527,5 *mit* GL 742,3 (VV. 1–4.8.10)
Evangelium Mt 11,28–30

Impuls für eine kurze Homilie

„Jetzt kommt die staade Zeit" verhieß vor Jahren eine Bierbrauerei ihren Kunden im Advent. Die „staade", die stille Zeit: Das ist der Advent schon lange nicht mehr, allen Verheißungen zum Trotz. Gleichzeitig sehnen sich viele Menschen nach Ruhe, nach Besinnung.

Was Jesus von sich sagt, klingt zunächst wie manche Verlockung heute, die sich als falsch herausstellt. „Kommt alle zu mir, ich werde euch Ruhe verschaffen." Es geht nicht um ein Äußerlich-zur-Ruhe-Kommen – das ist auch wichtig –, Jesus geht es um die „Ruhe der Seele" (Mt 11,29); eine Haltung, die man mit Gelassenheit, auch mit Ergebung im besten Sinne umschreiben kann, mit dem Einklang, den man mit sich selbst gefunden hat. Im Psalm 131 heißt es:
„Herr, mein Herz ist nicht stolz,
nicht hochmütig blicken meine Augen.
Ich gehe nicht um mit Dingen,
die mir zu wunderbar und hoch sind.
Ich ließ meine Seele ruhig werden und still;
wie ein kleines Kind bei der Mutter
ist meine Seele still in mir."

Bewegen uns nicht tatsächlich oft viele Dinge, die „zu hoch" sind, die wir gerne können und erreichen möchten – auch im Sinne von Karrieren und gesellschaftlichem Aufstieg? Sich und andere akzeptieren am jeweiligen Platz – ohne in Resignation zu verfallen –, kann einem Ruhe verschaffen. Es sind die Tugenden der Güte gegenüber anderen und der Demut gegenüber sich selbst: „Lernt von mir, ich bin gütig und von Herzen demütig", sagt es Jesus.

„Unruhig ist unser Herz, bis es Ruhe findet in Gott", sagte es mit ähnlichen Worten Augustinus. Eine Einübung in die Ruhe der Seele: Der Advent fordert uns dazu heraus und bietet sich als „Zeit der Stille" dafür an.

Fürbitten „Kommt alle zu mir, die ihr euch plagt und schwere Lasten zu tragen habt. Ich werde euch Ruhe verschaffen." Dieser Einladung Jesu dürfen wir folgen und ihn bitten:
- Für die Menschen, die berufliche Sorgen haben, die keine Arbeit finden und an sich selbst zweifeln. Herr, hilf du ihre Last tragen.
Wir bitten dich, erhöre uns.
- Für die kranken und leidenden Menschen, die spüren, wie sich alle von ihnen abwenden. Herr ...
- Für die Menschen, denen der Tod eines nahen Angehörigen den Boden unter den Füßen weggezogen hat.
- Für die Menschen, deren Leben täglich durch Krieg und Terror bedroht ist.
- Für die Menschen, die kranke Angehörige pflegen und sich für sie aufopfern.
- Für uns und einander, die wir alle eine Last tragen, von der niemand weiß außer Gott. Herr, hilf du unsre Last tragen.

Du Gott-mit-uns, Immanuel, dir danken wir für deine Liebe zu uns. Wenn wir einander zugetan sind, können wir diese Liebe weitergeben und so das Reich Gottes unter uns spürbar machen. Dir sei die Ehre in Ewigkeit.

Lieder Zeit für Ruhe, Zeit für Stille (Liederbücher)
GL 298 (Herr, unser Herr, wie bist du zugegen)
GL 549 (O Herz des Königs aller Welt)

Gebet Heiliger Gott, wir durften in deiner Nähe weilen, dein Wort hören und und zur Ruhe kommen. Lass uns lernen aus der Botschaft dieses Tages, lass uns gütig und demütig werden – zu uns selbst und zueinander, damit wir auch die Ruhe in uns finden, die wir brauchen, um Christus entgegengehen zu können, der kommen wird in Herrlichkeit.

Anregung für eine Frühschicht
Die Gläubigen können in einer *Kerzenmeditation* eingeladen werden, ihre Hände wie eine offene Schale um ihre Kerze zu legen (soweit dies in ihrer Position leicht möglich ist z. B. auf der Kirchenbank) oder sie in die Hände zu nehmen und dabei die Hände zu einer Schale zu formen. Wichtig ist, dass alle eine entspannte Haltung einnehmen können. Nach den Bittrufen werden die Kerzen wieder aus den Händen gelassen.

Hinführung Lassen Sie den stillen Frieden Ihres Kerzenlichtes auf sich wirken. – Schauen Sie nur in das leise flackernde Licht. – Spüren Sie die Wärme und Geborgenheit, die von dieser kleinen Flamme ausgeht. – Versuchen Sie, die Stille um uns herum in sich aufzunehmen.

Lied Zeit für Ruhe, Zeit für Stille (Liederbücher)
Das Lied kann ein- bis zweimal in gewöhnlicher Lautstärke gesungen werden; dann leiser werden, summen und ausklingen lassen.

Impulse Wir verbinden die Zeit des Advents mit Besinnung, Stille, zur Ruhe kommen. Doch wir selbst müssen uns den Raum schaffen, wo es uns möglich ist, zu dieser Ruhe zu finden.

Das warme Licht meiner Kerze, die Ruhe, die sie ausstrahlt, lässt meine Unruhe und Betriebsamkeit zurücktreten. Ich versuche, ganz in diesen Minuten da zu sein. Ich lasse diese Ruhe auf mich wirken. Ich spüre, wie mein Atem ruhiger und gleichmäßiger wird. Ich versuche, in mich hineinzuhorchen. Bilder, Gespräche, Begegnungen lasse ich an mir vorüberziehen. Ich „brauche" sie im Moment nicht. Sie sind nicht wichtig. –

Das leise flackernde Licht macht auch meine Seele leise. Ich richte meinen inneren Blick auf Gott, schaue ihm entgegen. Spüre, wie sein Blick in Liebe auf mir ruht, mich umfängt, mich erfüllt. Ich nehme diese Wahrheit tief in mich auf, lasse mich von ihr ganz durchströmen. –

Ich spüre nach, wie ich offener werde für Gott. Ich brauche nicht viel zu sagen – ich spüre, dass er mich versteht. Ich brauche ihm nichts zu erklären, er weiß um mich. Er weiß, wie es mir geht, was ich brauche, was gut für mich ist. Dieses Wissen um ihn ist getragen von Glauben und Vertrauen.

Wieviel Großes hat Gott für mich getan, was auch immer ich für Wege gegangen bin. Das Größte aber ist das Geschenk seines Sohnes. Gott kam ganz persönlich in unsere Welt, verborgen im Menschen Jesus von Nazaret.

Ich spüre dieser Wahrheit nach – öffne mich ihr, nehme sie in mich auf. Gott ist mir nahe geworden in seinem Sohn. Diese Nähe zu uns erneuert er in der Begegnung mit Jesus Christus.

Bittrufe

Wir wollen beten zu unserem Herrn Jesus Christus, der als das Wort des Vaters in diese Welt gekommen ist: Mach uns bereit!
- Wir hören oft dein Wort und hören es doch nicht.
- Du rufst uns zur Umkehr und Besinnung und wir lassen zu wenig darauf ein.
- Wir möchten ansprechbar sein wie Maria, und lassen uns so schnell von den Geschehnissen unserer Tage vereinnahmen.
- Wir möchten in deine Nähe gerufen werden und scheuen uns, in Stille und Besinnung vor dir zu sein.
- Wir möchten nach deinem Willen leben und gehen doch unsere eigenen Wege.
- Wir möchten inständiger an dich glauben und nehmen uns zu wenig Zeit, dich durch die Heilige Schrift tiefer kennenzulernen und dein Wort in uns aufzunehmen.
- Wir möchten in Freude und Dank das Fest deiner Geburt erwarten und feiern – mit offenem und bereitem Herzen.

Ewiger Gott, wenn wir auf dich hören und an dich glauben, steht unser Leben auf festem Grund. Lass uns offen sein für dich und höre auf unser Gebet.

Darum bitten wir durch deinen Mensch gewordenen Sohn, Jesus Christus, unseren Herrn.

Gebet Erbarmender Gott, du kommst uns immer wieder mit deiner Liebe entgegen. Du lässt uns nicht allein. Schenke uns ein waches und hörendes Herz, das offen ist für deinen Ruf. Bereite uns wieder neu für die Feier der Menschwerdung deines Sohnes, damit Christus auch in uns geboren wird. Darum bitten wir dich, der du in der Gemeinschaft mit deinem Sohn Jesus Christus und in der Einheit des Heiligen Geistes lebst und uns liebst bis in Ewigkeit.

Zur Entlassung GL 108 (Komm, du Heiland aller Welt)
Cornelia Bothe/Guido Fuchs

Umkehr

TEXTE VOM DIENSTAG DER DRITTEN ADVENTSWOCHE

Eröffnung GL 160,1–3 (Bekehre uns)

Einführung Ein Mann in einem Zug gab bei jeder Station, an der der Zug hielt, einen lauten und langen Seufzer von sich. Nach mehreren Bahnhöfen sprach ihn einer der Mitreisenden an: „Entschuldigen Sie, warum seufzen Sie denn andauernd?" „Ach, wissen Sie", sagte der Mann, „ich fahre in die falsche Richtung." „Und warum steigen Sie dann nicht um?", fragte der andere Fahrgast etwas verwundert. „Weil es hier so schön warm und bequem ist!", antwortete der Mann und seufzte wieder ...
Sind nicht wir oft wie dieser Mann? Wenn wir unseren Lebensweg ehrlich betrachten, stellen wir fest: Einiges geht in die falsche Richtung. Doch umsteigen, uns verändern, wollen wir nicht. Es ist einfacher so weiterzumachen als umzukehren. Der Advent gibt uns heute den Ruf zur Umkehr mit auf den Weg. Wir wollen uns für diesen Ruf öffnen und uns Christus zuwenden.

Kyrie-Rufe Herr Jesus Christus, du hast die Menschen aufgerufen, umzukehren und den Weg zum Leben zu suchen. Herr, erbarme dich unser.
Du hast Umkehr und Versöhnung gepredigt und sie auch allen vorgelebt. Christus, erbarme dich unser.
Du selbst bist Weg, Wahrheit und Leben, die wir finden sollen. Herr, erbarme dich unser.

Tagesgebet Herr, unser Gott, durch dein Erbarmen sind wir in
MB 20 Christus eine neue Schöpfung geworden. Wende deine Augen nicht von uns ab, sondern heile alle Wunden der alten Schuld durch die Ankunft deines Sohnes, der in der Einheit des Heiligen Geistes mit dir lebt und herrscht in alle Ewigkeit.

Lesung Zef 3,1–2.9–13
Antwortpsalm Ps 34; GL 477 *mit* GL 723,4 (VV. 1–8)
Evangelium Mt 21,28–32

Impuls für eine kurze Homilie

Ein so klares und eindeutiges Wort hören wir selten von Jesus. Heute wird uns die knallharte Wahrheit vor Augen gestellt: „Zöllner und Dirnen gelangen eher in das Reich Gottes als ihr." Ist uns die Tragweite dieses Satzes überhaupt bewusst? Wenn wir ihn ernst nehmen wollen, heißt das für uns: Wir gehen jetzt nach Hause, die Männer werden alle Finanzbeamte und die Frauen Prostituierte. So haben wir bessere Chancen, in das Himmelreich zu kommen. *(Anmerkung: Sollte die Gemeinde eine „Schockwirkung" ertragen, kann sich der Prediger an dieser Stelle setzen; die Nachdenklichkeit wird so noch verstärkt.)*

Es ist wohl allen klar: Ganz so hat es Jesus wohl nicht gemeint! Was aber bedeutet Jesu Gleichnis von den zwei Söhnen für uns? Mit Hilfe eines Verkehrszeichens möchte ich unser heutiges Evangelium übersetzen: „Sackgasse" *(ein solches Verkehrszeichen mitbringen oder kurz beschreiben)*. Es sagt uns voraus: Am Ende dieses Weges geht es nicht weiter. Gleichzeitig warnt es uns auch: Vorsicht, die Straße endet hier, du musst umkehren! Wer das Schild übersieht, hat schnell ein Problem. Oftmals ist es so eng, dass das Wenden gar nicht so einfach ist.

In unserem Leben gibt es dieses Verkehrszeichen leider nicht. Doch die Sackgassen, die gibt es. Jeder von uns ist wohl schon einmal in seinem Leben an eine Stelle gelangt, wo es nicht mehr weiterging. Besonders schwer ist es, wenn die Lebens-Sackgasse immer enger wird, weil wir nicht umkehren wollen. Erst, wenn es gar nicht mehr anders geht, kehren wir um.

Der erste Sohn im Gleichnis Jesu hat sich in eine solche Sackgasse verlaufen. Der zweite Sohn ist schon abgebogen, hat aber das Warnschild noch rechtzeitig gesehen. Und Jesus spricht ein klares Urteil: Ihr habt das Schild gesehen, seid aber trotzdem hineingegangen – das ist noch viel schlimmer! Johannes der Täufer hat schon die Umkehr gepredigt und viele haben ihn nicht hören wollen. Nun verkündet Jesus auch Umkehr und Rückkehr auf den Weg der Gerechtigkeit. Hören wir ihn? Folgen wir ihm? Achten wir auf seine Warnungen?

Fürbitten Jesu Ruf zur Umkehr ist keine Drohung, sondern ein Zeichen der Liebe. Er will unser Leben – und das finden wir nur, wenn wir unsere Herzen hinkehren zu ihm. So beten wir um seine Begleitung auf diesem Weg:
- Lasst uns beten für alle, die durch ein festgefahrenes Gottesbild sich selbst an einem lebendigen Glauben hindern. – Herr, schenke ihnen eine echte Umkehr, dass ihr Herz aufbricht und eine neue Gottesbeziehung möglich wird.
Christus, höre uns.
- Lasst uns beten für alle, die mit Weihnachten und der Menschwerdung Gottes nichts anfangen können. – Herr, lass sie diese Wahrheit erleben.
- Lasst uns beten für alle, die in unserer Kirche alte Strukturen aufbrechen und frischen Wind hereinlassen wollen. – Herr, lass sie sich als Werkzeuge deines Heiligen Geistes begreifen.
- Lasst uns beten für alle, die mit Gott hadern und über seine Wege enttäuscht sind. – Herr, schenke ihnen die Erfahrung deiner Begleitung und Liebe.
- Lasst uns beten für alle, die Buße tun und ihr Leben ändern wollen. – Herr, gib ihnen Kraft auf diesem Weg und komm ihnen dabei entgegen.

Du, Herr, rufst uns auf den Weg der Gerechtigkeit, der Liebe und Menschenfreundlichkeit. Wir wollen umkehren, uns hinkehren zu dir. Für deine Zuwendung danken wir dir heute und alle Tage unseres Lebens.

Lieder	GL 106 (Kündet allen in der Not) GL 295 (Gott liebt diese Welt)
Gebet	Gütiger Gott, dein Sohn ruft uns auf zur Umkehr. Er will uns helfen, den richtigen Weg zu finden. Wenn wir uns in eine Sackgasse verlaufen haben, zeigt er uns einen Ausweg. Doch wir übersehen ihn oft und hören seine Wort nicht. Lass uns heute wieder neu ergriffen sein von seinem Ruf. Diese Feier helfe uns, die Tage des Advents als Chance zur Umkehr zu sehen. Darum bitten wir durch Christus, unseren Herrn.

Anregung zur Gestaltung

Nach der *Ansprache* bekommt jeder Teilnehmer ein Blatt mit einem Sackgassen-Schild. Bei Meditationsmusik soll in Stille überlegt werden:

- Was sind die Sackgassen meines Lebens?
- Wo überhöre ich den Ruf zur Umkehr?
- Wer hat mich schon angesprochen, dass ich auf einem falschen Weg bin?

Nach den *Fürbitten* bringt jeder seine Sackgasse zu einem Kreuz. Dabei kann eine persönliche Bitte ausgesprochen werden. In jedem Fall dazu einladen und Raum geben, auch wenn nur wenige diese Möglichkeit nutzen.

Marcus Lautenbacher

Warten

TEXTE VOM MITTWOCH DER DRITTEN ADVENTSWOCHE

Eröffnung GL 105,1–2.4 (O Heiland, reiß die Himmel auf)

Einführung „Bist du es, der kommen soll, oder müssen wir auf einen andern warten?" So lautet die Frage Johannes' des Täufers an Jesus. Warten, nichts fällt uns oft schwerer als warten. Wer schon einmal in einer Schlange angestanden, auf ein Ergebnis gewartet oder auf einen Menschen geharrt hat, der weiß das. Den Kindern hilft der Adventskalender, das Warten auf Weihnachten zu verkürzen. Was aber hilft uns? Sind wir überhaupt noch fähig und bereit zu warten? Erwarten wir überhaupt noch etwas? Denn nur wo Erwartung ist, gibt es auch Erfüllung. Nehmen wir uns eine kurze Zeit der Stille, um uns bereit zu machen, unseren Herrn und Gott zu begrüßen und um sein Erbarmen zu bitten.

Kyrie-Rufe Herr Jesus Christus,
du Sehnsucht der Völker: Kyrie eleison.
Du Trost derer, die ungetröstet weinen: Christe eleison.
Du Hoffnung der Unterdrückten: Kyrie eleison.

Tagesgebet Allmächtiger Gott, gib, dass wir die Ankunft deines
MB 21 Sohnes mit Freude erwarten. Sie schenke uns in diesem Leben heilende Kraft und in der Ewigkeit den verheißenen Lohn. Darum bitten wir durch ihn, Jesus Christus.

Lesung Jes 45,6b–8.18.21b–25
Antwortpsalm Ps 85; GL 120,3 *(mit Versen aus dem Lektionar im 6. Ton)*
Evangelium Lk 7,18b–23

Impuls für eine kurze Homilie

Johannes hatte die letzten Jahre als Mahner und Rufer in der Wüste verbracht. Er wurde nicht müde, die Menschen zur Umkehr und zur Taufe aufzurufen und den Weg für die Ankunft des Messias zu bereiten. Unüberhörbar war sein Rufen aus der Wüste. Bis zu den Mächtigsten ist es gedrungen, und er hat sich damit keine Freunde bei den „Großen" gemacht. Jetzt sitzt er im Gefängnis. Sein Werk ist vollbracht. Johannes kann nichts anderes mehr tun, als dasitzen und warten. Warten in seiner Kerkerzelle.

Aber es ist kein passives Warten. Herodes sucht ihn auf und hört ihn an, seine Jünger halten Kontakt zu ihm. Auch im Gefängnis wird er nicht müde, zu mahnen und die Wahrheit zu verkünden. Ihn trägt sein Glaube und seine ungebrochene Hoffnung auf den Messias. Warten. Ausharren. Aber kein leeres Warten, sondern ein erfülltes Warten.

Ein Warten und Ausharren, das fast 2000 Jahre später auch ein Maximilian Kolbe im Hungerbunker zeigte. Ein Warten, geprägt und durchtränkt von Glaube, Hoffnung und Liebe. Unbeugbar. „Bist du es, der kommen soll, oder müssen wir auf einen andern warten?" Eine Frage, die längst beantwortet ist: Johannes muss nicht länger warten. Der Messias ist da, die Verheißungen erfüllen sich: Blinde sehen, Lahme gehen, und Aussätzige werden rein; Taube hören und Tote stehen auf. Die messianische Endzeit ist angebrochen: Der Messias ist da in Jesus von Nazaret.

Das Warten hat ein Ende. Die Hoffnung wurde erfüllt. Aber anders als erwartet, denn der Messias tritt nicht so auf, wie sich die Menschen und auch Johannes es sich vorgestellt hatten. Jesus entspricht nicht allen ihren Erwartungen. Er kommt nicht mit Macht und himmlischer Heerschar, er zerschmettert nicht die Römer und merzt nicht mit einem Handstreich alle Feinde aus. Und doch wird sich an ihm das Schicksal Israels und aller Völker entscheiden.

Fürbitten

Voll Vertrauen wenden wir uns mit unseren Anliegen und Bitten an unseren Herrn Jesus Christus, dessen Ankunft wir erwarten:
- Wir bitten für alle kranken und leidenden Menschen um Geduld, Hoffnung und Heilung.
Christus, höre uns.
- Wir bitten für alle Menschen, die blind geworden sind in ihrem Herzen für die Gegenwart Gottes in der Welt, um das wahre Licht des Glaubens.
- Wir bitten für alle Menschen, die taub geworden sind für die Anliegen ihrer Nächsten, um ein offenes Ohr und bereite Herzen.
- Wir bitten für alle Aussätzigen und Ausgestoßenen unserer Gesellschaft heute, um Akzeptanz und mitfühlende Hilfe.
- Wir bitten für alle Armen und Einsamen um Hoffnung und Zuversicht.
- Wir bitten für unsere Toten um Auferstehung und ewiges Leben.

Allmächtiger und ewiger Gott, dein sind Zeit und Ewigkeit. Höre und erhöre all unsere ausgesprochenen und unausgesprochenen Bitten durch Christus, unseren Herrn.

Lieder

GL 567 (Der Herr bricht ein um Mitternacht)
GL 110 (Wachet auf)

Gebet

Barmherziger Gott, warten fällt uns oft sehr schwer. Die eigene Ungeduld und die Schnelllebigkeit unserer Zeit machen es uns nicht leicht. Gib uns Ausdauer und lehre uns, das Wesentliche vom Unwesentlichen zu unterscheiden, damit wir bereit werden für das kommende Fest. Darum bitten wir durch Christus, unseren Herrn.

Besinnung Herr Jesus Christus,
Johannes hat in der Wüste zur Umkehr gerufen,
den Weg für dich bereitet:
„Seht, das Lamm Gottes!"
Er hat sehnsüchtig auf dich
und dein Kommen gewartet.

Herr Jesus Christus,
schenke auch mir diese Ausdauer,
diese Geduld, diese Beharrlichkeit
auf der Suche nach dir,
deinem Licht und deiner Wärme.

Herr Jesus Christus,
entzünde auch mich mit dem Feuer deiner Liebe,
lass mich wachsweich werden in deiner Hand
für dich und meinen Nächsten.
Lass mich Wärme bringen in die oft so kalte Nacht.

Herr Jesus Christus,
erhalt in mir stets die Sehnsucht nach dir,
du löschst den glimmenden Docht nicht aus,
du entzündest ihn neu.
O mein Jesus,
ich warte auf dein Wort für mein Leben.

Anregung zur Gestaltung als Frühschicht
Leerer Stall von der Weihnachtskrippe, nicht zu klein, von einer Kerze beleuchtet, gut sichtbar im Altarraum. Kirche abgedunkelt. Eventuell Kerze für jeden Gottesdienstbesucher.

Meditation Noch ist der Stall leer. Der Stall, der ausersehen ist, die Geburtsstätte Jesu zu werden. Keiner dachte je daran, dass an einem solchen Ort der Messias das Licht der Welt erblicken würde. Noch ahnt niemand etwas. Doch der Stall ist da. Er wartet. Er wartet auf seine Stunde. Er wartet auf die Stunde des Heiles, in der er gefüllt werden wird mit einem Kind, seinen Eltern, den Hirten und dem Gesang der himmlischen Heerscharen. Noch ist nichts zu sehen. Noch ist davon nichts zu spüren. Warten.

Auch in mir ist es oft leer. Auch ich sehne mich danach, gefüllt zu werden. Auch ich sehne mich nach der Ankunft des Herrn, nicht irgendwo, sondern in mir, in meinem Stall, im Stall des Herzens. Auch mein Herz ist nicht immer blank geputzt, wie auch ein Stall es nicht sein kann. Auch in mir gibt es Unrat und Mist. Gerade dort, wo all der „Mist" liegt, will Gott Mensch werden. Dort will Jesus geboren werden. Im Stall meines Herzens. Warten auf ihn.

Warten ist so schwer. Nie hat man Zeit, und wenn ich dann einmal auf etwas warten muss, weiß ich nichts mit der Zeit anzufangen, dann wird die Zeit mir zur Ewigkeit. Warten können. Warten. Nein, warten will keiner. Nicht beim Arzt, nicht an der Kasse, nicht im Stau. Warten heißt doch Zeit verlieren, ungenutzt verstreichen lassen. Warten. Schon der Gedanke daran macht mich kribbelig.

Warten heißt aber auch: ausharren, Geduld üben, Gelassenheit und Ausdauer zeigen, Ausschau halten, aufpassen, den Blick schärfen und genauer hinhören. Hellhörig werden für die Zeichen der Zeit. Die Spannung aushalten. Wer jedes Bedürfnis sofort befriedigen muss, ist nicht mehr frei. Warten befreit uns, macht unser Herz weit und schärft unsere Sinne. Warten heißt erkennen, dass wir uns selbst nicht genügen, dass das Wesentliche geschenkt werden muss.

Es gibt das positive Warten. Das Warten auf den Geliebten oder die Geliebte etwa. Die Vorfreude auf ein schönes Ereignis, das man herbeisehnt. Eine Vorfreude, die es auszukosten gilt. Das Gefühl der Sehnsucht und der nahen Erfüllung aller Wünsche.

Der Stall steht offen und erwartet die Ankunft unseres Herrn Jesus Christus. Gott will Mensch werden. Ich möchte genauso offen stehen für Gott. Platz haben in mir, um ihn aufnehmen zu können, um ihm eine Wohnung zu bereiten in meinem Herzen. Deshalb muss ich immer wieder Platz schaffen, leer werden, frei werden von allem, was mich davon abhält, Jesus in mir aufzunehmen, zu empfangen.

Ich möchte mich ausleuchten lassen von seinem Licht, erfüllen lassen von seiner Wärme. Gott will Mensch werden auch in mir. Ich erwarte ihn.

Warten kann man lernen, kann man einüben. Manchmal muss man es vielleicht sogar. Gott wird uns dabei helfen. Und damit verliert das Warten seinen Schrecken, wenn man darin einen Funken des adventlichen Wartens sieht. Des Wartens auf die Ankunft eines Ereignisses, einer Person, die unser Leben heller und wärmer machen will. So wie die Kerze jetzt den leeren Stall erleuchtet und erwärmt. So wie Jesus Christus, der Mensch werden will, heute, in mir.

Lassen wir unser Warten fruchtbar werden, lassen wir die Zeit nicht einfach nur verstreichen, warten wir nicht nur passiv ab, sondern füllen wir das Warten mit der Sehnsucht nach Jesus Christus, damit wir erfüllt werden können von Glaube, Hoffnung und Liebe. Jesus Christus will Mensch werden für die Welt, durch mich.

Gebet Herr Jesus Christus, du willst Mensch werden in unserer Welt. Du willst Gestalt annehmen auch in unserem Leben. Lass uns zu adventlichen Menschen der Erwartung werden, die offen sind für die Zeichen der Zeit, die sich erfüllen lassen vom Feuer deiner Liebe und der Wärme deines Lichtes. Herr, schenke uns dazu die Geduld, die Ausdauer und den festen Glauben in dich, Christus, unseren Herrn.

Vaterunser *singen*

Anregung Die Zeit des Wartens füllen
Einladung, zuhause in den kommenden Tagen vor Weihnachten, wenn es wieder einmal auf etwas zu warten gilt, eine Kerze zu entzünden und dann in sich hineinzuhorchen. Danach einen Zettel zur Hand zu nehmen, und alle Gefühle, Bitten und Wünsche aufzuschreiben.

Oder einfach nur in die Kerze schauen und sehen, wie sie langsam verbrennt; ruhig und still werden, sich erfüllen lassen vom Licht Jesu Christi.

Oder beim nächsten Mal des Warten-Müssens, beim Arzt, im Stau, wo auch immer, zunächst in der Stille des Herzens die Nähe Gottes suchen und zu ihm sprechen wie mit einem Freund über das, was mich gerade bewegt. Er wird mich hören. Vielleicht spüre ich dann auch die Sehnsucht, ihn tiefer in mein Herz hineinzulassen.

Danach ein kurzes Gebet aus der Tiefe des Herzens, etwa:

„Jesus, dein ist Zeit und Raum. Erfülle mich und meine Zeit mit deinem Licht und deiner Wärme."

Segen Der Herr segne und behüte uns. Er lasse sein Angesicht über uns leuchten. Er erfülle die Sehnsucht unseres Herzens und stärke uns im Warten auf die Ankunft seines Sohnes, unseres Herrn Jesus Christus.

Schlusslied GL 106 (Kündet allen in der Not)

Steffen Roth

Sinneseindrücke

Mit dem Advent verbindet man wie mit kaum einer anderen Zeit im Jahr sinnliche Eindrücke: Weihnachtsmärkte, geschmückte Straßen und Häuser, Lichterketten und die häusliche Weihnachtsbäckerei – Gerüche, Musik, Licht und Farben erscheinen uns so intensiv wie kaum sonst. Mit all diesen Sinneseindrücken erfahren wir nicht nur, dass Weihnachten näher rückt, sie können uns auch eine Ahnung vermitteln, was Gott und sein Kommen für den Menschen bedeutet: Geborgenheit und Wohlergehen für Leib und Seele.

Duft

TEXTE VOM DONNERSTAG ZWEITEN ADVENTSWOCHE

Eröffnung GL 108 (Komm, du Heiland aller Welt)

Einführung Gute Gerüche sind sehr wichtig in unserem Leben, im wirklichen wie auch im übertragenen Sinn. Wir drücken Beziehungen damit aus: Wir können jemanden „gut riechen" oder nicht mehr „riechen". Oder eine Angelegenheit „stinkt zum Himmel". Indirekt sagen wir damit: Wie wohltuend ist ein guter Duft, eine gute Atmosphäre, ein gutes Klima, eine gute Beziehung – ohne Streit und Unfrieden, wo eben nichts „in der Luft liegt".

Die Propheten Jesaja und Johannes kündigten eine solche Heilszeit der Gerechtigkeit, des Friedens, der Gleichheit aller Menschen an – mit Jesus hat dieses neue Zeitalter begonnen.

Bußakt Herr Jesus Christus, immer wieder lassen wir uns betören von Wohlstand und Reichtum dieser Welt: Herr, erbarme dich unser.
Oft können wir unsere Mitmenschen nicht so annehmen, wie sie sind: Christus, erbarme dich unser.
Manchmal sind wir gefangen in Selbstmitleid und Resignation: Herr, erbarme dich unser.

Tagesgebet
MB 14
Rüttle unsere Herzen auf, allmächtiger Gott, damit wir deinem Sohn den Weg bereiten und durch seine Ankunft fähig werden, dir in aufrichtiger Gesinnung zu dienen. Darum bitten wir durch ihn, der in der Einheit des Heiligen Geistes mit dir lebt und herrscht in alle Ewigkeit.

Lesung Jes 41,13–20
Antwortpsalm Ps 145; GL 119,4 *(mit Versen aus dem Lektionar im 4. Ton)*
Evangelium Mt 11,7b.11–15

Impuls für eine kurze Homilie

Wir schätzen guten Duft. Duftkissen, Duftkerzen, Dufthölzer, sogar Duftgärten (vor allem für blinde Mitmenschen) erfreuen sich großer Beliebtheit. Parfums wollen uns dem Mitmenschen geneigter machen. Düfte verbreiten eine gute Stimmung. Auch unsere Kirchen wollen für guten Duft sorgen – gerade in der Advents- und Weihnachtszeit wird hier gern Weihrauch verwendet. Er wird gewonnen aus den tropfenförmigen Ausscheidungen des eingeschnittenen Boswellia-Strauches aus der Familie der Balsamgewächse. Viele Menschen mögen diesen Duft und sind ganz begeistert, wenn sie auch außerhalb der Gottesdienste einmal die Kirche besuchen und das Gotteshaus noch davon erfüllt ist.

Auch außerhalb der Kirchen bietet die Adventszeit Gerüche und Düfte in Fülle. Das ist es ja, was viele Menschen an ihr so schätzen und lieben. Ein wenig hat das zu tun mit der Vision des Jesaja, von der wir heute in der Lesung hörten: „In der Wüste pflanze ich Zedern, Akazien, Ölbäume und Myrten" (Jes 41,19). Es geht nicht nur um die Pflanzen, die wunderbarerweise aus der Wüste erblühen – auch ihr wohltuender Duft lässt die Menschen „erkennen, begreifen und verstehen, dass die Hand des Herrn das alles gemacht hat" (Jes 41,20).

Von der Schönheit des Geschaffenen auf den Schöpfer schließen: Auch dazu kann uns die Adventszeit anregen. Düfte verschiedener Öle, Blüten oder auch Weihrauch wollen unsere Sinne erfreuen, wollen uns zeigen, dass unser Glaube etwas Belebendes, vielleicht auch etwas (im guten Sinne) Betörendes hat. Jedenfalls regen sie nicht nur unseren Geruchssinn, sondern auch Herz und Verstand an. Vielleicht kann der Duft uns dazu verführen, unser Leben zu überdenken und neue Schwerpunkte zu setzen. Wir könnten uns im Sinne Johannes' des Täufers dazu ermutigen lassen, ausgetretene Pfade zu verlassen, umzukehren und neue Wege zu gehen, Gott zu begreifen suchen mit allen Sinnen.

Fürbitten *Zu den einzelnen Anliegen Weihrauchkörner in eine Schale einlegen.*
Der aufsteigende Weihrauch ist Symbol dafür, dass unsere Anliegen und Gebete zum Himmel steigen. Wir wollen Gott nun voller Vertrauen und Hoffnung bitten:
- Lass alle Menschen an den Gütern dieser Welt teilhaben und zeige den Regierenden dazu neue Wege auf.

Gott, Schöpfer der Welt:
Wir bitten dich, erhöre uns.
- Gib allen Christinnen und Christen Mut und Phantasie, Menschen aus Randgruppen und sozial Schwache zu integrieren.
- Schenke den Regierenden die Bereitschaft, für Frieden, Freiheit und Gerechtigkeit zu sorgen.
- Erwecke bei den Menschen Eifer und Fleiß, deine Schöpfung mit all ihrer Vielfalt und Pracht, mit all ihren Farben und Düften zu erhalten.
- Führe unsere Verstorbenen zu den Gärten deines Paradieses, wo sie dich schauen in Ewigkeit.

Allmächtiger Gott, du hast alles erschaffen, um uns zu erfreuen. Du lässt uns in einer Welt leben, die deine unendliche Größe zeigt. Dafür danken wir dir alle Tage unseres Lebens.

Lieder GL 104 (Tauet, Himmel, aus den Höhn)
GL 120,2 (Kommt, lasst uns danken userm Herrn – *mit* Chorbuch zum GL)
GL 272 (Singt das Lied der Freude über Gott)
Höchster, allmächtiger und guter Herr (Liederbücher)

Gebet Großer Gott, wir haben Gemeinschaft erlebt und dein Wort gehört. Wir danken dir für alles, was unsere Sinne belebt und uns den Alltag immer wieder bewältigen lässt. Dich loben wir in alle Ewigkeit.

Besinnung *Mit allen Sinnen*

Überall in deiner Schöpfung
können wir dich erleben,
guter Gott –
im Gesang der Vögel,
im Blühen der Bäume im Frühjahr,
im Lachen der Kinder.
Durch den Duft von Blüten und Blumen,
von Honig und Gewürzen
sorgst du für unser Wohlergehen.

Wir danken dir:
Du ermunterst uns,
nicht sinnenlos und sinnlos,
sondern mit allen Sinnen,
hellwach und freudig zu leben –
dich als Lebensziel und Lebenssinn vor Augen.

Zum Segen Das Wort „weihen" in „Weihrauch" oder „Weihnachten" bedeutet „heilig machen" – wir selber werden im Sinnbild des Weihrauchs geheiligt, gesegnet. Und eine besonders gesegnete Nacht wird mit diesem Rauch angekündigt: die kommende heilige Nacht. Auf sie gehen wir zu, dafür erbitten wir nun Gottes Segen.

Anregung zur Gestaltung
Vorbereitung: Es empfiehlt sich, Duftlampen mit unterschiedlichen Ölen an verschiedenen Plätzen des Gottesdienstraumes aufzustellen. Auf einem erhöht platzierten Keramikteller oder ähnlichem können sparsam Weihrauchkörner auf glühende Kohlen gelegt werden.
   Die Gottesdienstteilnehmer werden eingeladen, an den aufgestellten Duftlampen zu riechen.
   Sie dürfen vom Duft erzählen – was sie riechen, was sie damit verbinden. Sie schenken ihre Erfahrungen so weiter.
   Anschließend gemeinsames Gebet (Besinnung).
   Als (preiswertes) Zeichen auf den Weg gut geeignet: Kleine Früchte aus intensiv riechenden Dufthölzern. *Markus Krell*

Licht

TEXTE VOM FREITAG DER ERSTEN ADVENTSWOCHE

Eröffnung	GL 104,1–2.4 (Tauet, Himmel, aus den Höhn) *oder* GL 554,1.4 (Wie schön leuchtet der Morgenstern)
Einführung	„Der Herr ist mein Licht und mein Heil." – Die Aussage dieses Psalmwortes begegnet uns nicht nur im heutigen Gottesdienst, sie zieht sich auch wie ein roter Faden durch die ganze Adventszeit. Wir warten auf Christus, das Licht der Welt: „Komm, du Sonne voller Glanz, komm in unser Dunkel und erhelle unsre Nacht, Herr, in deinem Lichte" (GL 104,4). Wir warten auf das Fest seiner Geburt, und wir warten auf seine Wiederkunft am Ende der Zeit. Die Kerzen auf unserem Adventskranz, die wir nach und nach entzünden, die Kerzen, die in unserer Kirche leuchten, (die Kerzen, die wir in unseren Händen halten,) sie verweisen auf den, der uns die Augen geöffnet und uns aus der Finsternis in sein heilbringendes Licht gerufen hat.
Kyrie-Rufe	Herr Jesus Christus, du führst aus dem Dunkel ins Licht. Du führst aus der Gefangenschaft in die Freiheit. Du führst durch Kreuz und Tod in die Auferstehung.
Tagesgebet *MB 7*	Biete auf deine Macht, Herr, unser Gott, und komm. Entreiße uns den Gefahren, in die unsere Sünden uns bringen. Mache uns frei und rette uns. Darum bitten wir durch Jesus Christus, deinen Sohn, unseren Herrn und Gott, der in der Einheit des Heiligen Geistes mit dir lebt und herrscht in alle Ewigkeit.

Lesung   Jes 29,17–24
Antwortpsalm Ps 27; GL 719,1.2
Evangelium Mt 9,27–31

Impuls für eine Homilie

Wenn es nicht mehr weitergeht, wenn wir ganz am Boden liegen, haben wir ein aussagekräftiges Wort. Wir sagen: Es ist aussichtslos. – Aussichts-los: Wir haben keine Aussicht, wir sehen nicht, wie es weitergehen soll, wir sehen kein Licht am Ende des Tunnels. In einer solch aussichtslosen Situation war das Volk Israel in der babylonischen Gefangenschaft: Sie bedeutete keine Heimat, keinen Tempel, keinen König, keine Zukunft. Und in diese aussichtslose Situation spricht der Prophet Jesaja seine Verheißung vom blühenden Land und vom Licht in der Finsternis. Jesaja gibt dem Volk wieder Aussicht, eine Perspektive, eine Hoffnung, Zuver-sicht.

Auch die beiden Blinden im Evangelium sind in einer aussichtslosen Situation, sie spüren das konkret am eigenen Leib, ihnen ist jede Sicht, jede Aussicht genommen. Jesus öffnet ihnen die Augen, er schenkt ihnen das Augen-Licht, sie haben wieder Aussicht, sie erblicken das Licht der Welt. Die beiden Schrifttexte werden uns heute als Frohe Botschaft verkündet. Wer sich Jesus anvertraut, bleibt nicht im Dunkeln. Diese Hoffnung trägt uns durch den Advent, sichtbar gemacht am wachsenden Licht auf dem Adventskranz. Und egal, wie bedrückend manche Situationen auch heute sein mögen, seit Jesu Geburt ist nichts mehr aussichtslos. Sein Licht scheint auch heute schon in die Welt.

Fürbitten

Vor Jesus, der den Blinden die Augen geöffnet hat, bringen wir auch unsere Blindheit und bitten ihn:
- Herr, deine Kirche ist manchmal blind, weil sie in Betriebsamkeit und Sorgen aufgeht. Öffne ihr die Augen für deine befreiende Botschaft.
  Christus, du Licht der Welt:
  Wir bitten dich, erhöre uns.
- Unsere Gesellschaft ist oft blind, weil nur Geld und Wirtschaftlichkeit zählen. Öffne den Menschen die Augen für Gerechtigkeit und Solidarität.

- Wir selbst sind oft blind, wenn wir uns im Geschenkerummel verlieren. Öffne uns die Augen für das Wesentliche von Advent und Weihnachten.

Herr Jesus Christus. Du bist der Weg, das Licht und das Leben. Lass uns mit wachem Blick dem Fest deiner Geburt entgegengehen. Dich preisen wir in Ewigkeit.

Lieder GL 557 (Du höchstes Licht)
GL 462 (Zu dir, o Gott, erheben wir)
GL 558,1.5–6 (Ich will dich lieben, meine Stärke)

Gebet Herr, unser Gott, du hast uns mit deinem Geist erfüllt. Lehre uns, die Welt im Licht deiner Weisheit zu sehen und das Unvergängliche mehr zu lieben als das Vergängliche. Darum bitten wir durch Christus, unseren Herrn.

Wort auf den Weg

Jesus hat mir die Augen geöffnet. Mit offenen Augen durch die Welt zu gehen, ist gar nicht so einfach. Denn da sehe ich so vieles, was ich mit fromm gesenktem Blick nicht sehe. Deshalb bitte ich: Jesus, öffne mir auch das Herz, lass mich sehen, wo ich gebraucht werde, und lass mich mithelfen, dein Licht und dein Heil in die Welt zu tragen.

Anregung zur Gestaltung als Frühschicht
Den Teilnehmern werden beim Betreten des Raumes die Augen verbunden. Helfer führen sie an ihre Plätze.

Eröffnung GL 270 (Kommt herbei, singt dem Herrn – *kann man ja „blind" nachsingen …*)

Gebet Gott, in uns ist es dunkel. Aber wir wissen: Um uns ist Licht. Wir sehen nicht weiter. Aber wir wissen: Es gibt eine Hoffnung. Du hast deinen Sohn gesandt, die Welt zu erleuchten. Hilf uns aus unserer Dunkelheit, damit wir ihm nachfolgen und Licht für die Welt sein können. Darum bitten wir durch ihn, Christus, unseren Herrn.

Evangelium Mt 9,27-31
Bei Vers 30a „Da wurden ihnen die Augen geöffnet" dürfen die Teilnehmer ihre Binden abnehmen. Anschließend erzählen die Teilnehmer einander von ihren Gefühlen, nach der Dunkelheit wieder sehen zu können. Vielleicht wird dann klar, warum die Geheilten sich dem Schweigegebot Jesu widersetzten und allen von ihrer Heilung erzählten.

Fürbitten *wie oben*
Vater unser
Lied GL 106,1.4–5 (Kündet allen in der Not)

Xaver Käser

Musik

TEXTE VOM DIENSTAG DER ZWEITEN ADVENTSWOCHE

Eröffnung Instrumentalmusik *und* Ecce Dominus veniet (S. 199) *oder* GL 106,1.4 (Kündet allen in der Not)

Einführung Wenn Menschen spontan anfangen zu singen, dann geschieht das meist aus einer großen Freude und inneren Bewegung heraus, vielleicht weil etwas sie in ihren tiefsten seelischen Schichten berührt. Heute werden wir mit den Worten des Psalms 96 aufgefordert: „Singt dem Herrn ein neues Lied, singt dem Herrn, alle Länder der Erde!" Nicht nur die Advents- und Weihnachtszeit ist voll Musik; das ganze Jahr über hat die Musik im Gottesdienst eine adventliche Aufgabe: Sie soll den Menschen für die Begegnung mit Gott bereiten. Wo Menschen dem großen Gott begegneten, da konnten sie nicht anders als singen – wie Maria, Zacharias, Simeon.

Als Schwestern und Brüder des guten Hirten Jesus Christus sind wir gerufen, ein „neues Lied" zu singen. Es ist das Lied, das von unserem Glauben und unserer Freude zeugt, dass der Herr kommt „und alle Heiligen mit ihm." Dieses neue Lied sagt uns: „Ein großes Licht wird aufstrahlen an jenem Tag." *(Eröffnungsvers)*

Kyrie-Rufe Herr Jesus Christus, am Morgen (bzw. Abend) kommen wir zu dir, um dich mit Musik und Gesang zu loben. Du bereitest unser Herz für diese Feier, wenn wir zu dir rufen:
Dein Erbarmen, o Herr, will ich in Ewigkeit preisen (GL 527,2).
Du bist der gute Hirte, der uns niemals alleine lässt: Dein Erbarmen, o Herr, will ich in Ewigkeit preisen.
Du verwandelst unsere verdorrten Seelen in Boten der Freude: Dein Erbarmen, o Herr, will ich in Ewigkeit preisen.

Tagesgebet
MB 12

Gott des Erbarmens, du hast allen Völkern der Erde das Heil zugesagt. Lass uns voll Freude das Fest der Geburt Christi erwarten und das große Geheimnis seiner Menschwerdung feiern, der in der Einheit des Heiligen Geistes mit dir lebt und herrscht in alle Ewigkeit.

Lesung Jes 40,1–11
Antwortpsalm Ps 96; GL 740,1.2 (VV. 1–4.10–13) *oder* GL 268 (Singt dem Herrn ein neues Lied)
Evangelium Mt 18,12–14

Impuls für eine kurze Homilie

Die Musik gehört zur Natur des Menschen wie das Sprechen, Lachen oder Weinen. Sie ist unmittelbarer Ausdruck seines Gefühlszustandes, seiner geistigen und psychischen Verfasstheit. Auch die religiöse Musik ist Ausdruck des Seelischen und dient dem Zweck, dem Menschen eine Ahnung und Erfahrung Gottes zu vermitteln.

Künstler und Komponisten konnten Grandioses schaffen, weil sie in einer unmittelbaren geistig-geistlichen Beziehung zu ihrer Religion und zu deren Inhalten standen. Die wunderbaren Schöpfungen christlicher Werke, etwa die mystischen Melodien des gregorianischen Chorals, die gefühlsbetonten orthodoxen Kirchengesänge, die Marienvesper eines Monteverdi, die Passionen oder Kantaten von Schütz und von Bach, die geistlichen Werke von Mozart, Liszt und anderen zeugen davon. Auch unzählige moderne Künstler greifen religiöse Themen auf und versuchen, sie in unsere Zeit zu übersetzen. All diese Werke rühren direkt an die tiefe Sehnsucht des Menschen nach Gott. Musik kann zu einer solchen Erfahrung Gottes führen oder davon Zeugnis geben. König David etwa besingt in seinen Psalmen seine eigene Gotteserfahrung und die des Volkes Israel, um sie nachfolgenden Generationen weiterzugeben und so eine ebensolche zu ermöglichen.

So ruft der 96. Psalm den Gläubigen damals und uns heute zu: „Singet dem Herrn ein neues Lied!" Warum aber sollen wir ein *neues* Lied singen? Hinter dieser Aufforderung stand zunächst die Erfahrung der Rückkehr Israels aus der Gefangenschaft in Babylon, die man als neues großes Wunder empfand, das der Herr vor den Völkern getan hat.

Und auch wir haben allen Grund, dieses neue Lied anzustimmen. Im Advent gedenken wir des großen Handelns Gottes an uns in seiner Menschwerdung vor nunmehr 2000 Jahren, und wir erwarten sein Wiederkommen in Herrlichkeit am Ende der Zeiten. Gott hat „wunderbare Taten vollbracht" und er wird wunderbare Taten vollbringen. Und vor allem: Hier und jetzt in unserem eigenen Leben vollbringt Gott seine Taten. Mitten im Dunkel unserer Nacht erstrahlt sein helles Licht. In Trauer, Verzweiflung, Mutlosigkeit und Schmerz dürfen wir seine Nähe und Begleitung erfahren. Davon spricht auch das Lied „Singt dem Herrn ein neues Lied" (GL 268), das in dunkler Zeit, während des 2. Weltkrieges, entstand.

Davon zeugen auch die neutestamentlichen Gesänge, das Magnificat, das Benedictus, das Nunc dimittis oder die Christus-Hymnen der Briefe. Sie besingen die große Tat Gottes schlechthin, der in Jesus Christus den Menschen so nahe kommt, dass eine größere Nähe nicht denkbar ist: Gott selbst kommt in die Niedrigkeit unseres menschlichen Daseins, um es zu sich zu erheben. In all diesen Gesängen wird die Aufforderung des Psalms 96 ernst genommen, ein neues Lied zu singen.

Am Ende stimmen die Erlösten an Gottes Thron dieses neue Lied an und preisen Gott, weil er einen neuen Himmel und eine neue Erde geschenkt hat (vgl. Offb 14,3). Die ganze Schöpfung darf seine Nähe erwarten.

Musik und Gesang erheben unser Herz zu Gott und geben anderen Menschen Zeugnis von unseren Gotteserfahrungen. Wie es im Sprichwort heißt: Wovon das Herz voll ist, davon spricht der Mund.

Fürbitten *Der Kantor kann die Fürbitten auf dem Rezitationston singen. Die Gemeinde stimmt mit dem Fürbittruf 358,3 ein.*
Zu Jesus Christus, dessen Kommen wir in diesen Tagen des Advents erwarten und dessen Wiederkunft wir durch Hymnen, Psalmen und Lieder bereiten wollen, rufen wir:
- Für den Papst, die Bischöfe, die Priester, die Diakone und alle, die die Frohe Botschaft deiner Ankunft verkünden.
Lasset zum Herrn uns beten: Herr, erbarme dich. Christus, erbarme dich. Herr, erbarme dich.
- Für die Christen aller Kirchen und kirchlichen Gemeinschaften, denen aufgetragen ist, dem Herrn den Weg zu ebnen.
- Für die Gebeugten und Geknechteten, für die, die Lasten zu tragen haben, für die Kranken und die Not Leidenden und für die heute Sterbenden.
- Für die, die sich verirrt haben und nicht mehr ein noch aus wissen, für die Verzweifelten und für die, die in ihrem Leben keinen Sinn mehr sehen.
- Für N. N. und alle Verstorbenen, für die Trauernden und für uns alle, die wir das Reich des ewigen Lebens erwarten.

Du, Herr, bist der Gute Hirte, der uns zum Ruheplatz am Wasser führt. Du suchst das Verlorene und heilst unsere Gebrechen. Wir danken dir, jetzt und alle Zeit und in Ewigkeit.

Friedensgebet Herr Jesus Christus, du wirst einst wiederkommen in Herrlichkeit. Wir rufen zu dir: Komm, Herr Jesus, Maranatha!
Schau nicht auf unsere Sünden, sondern auf den Glauben deiner ganzen Kirche und schenke ihr nach deinem Willen Einheit und Frieden.

Lieder GL 272 (Singt das Lied der Freude über Gott)
GL 110,3 (Wachet auf, ruft uns die Stimme)
GL 262 (Nun singt ein neues Lied dem Herren)
Singt dem Herrn alle Völker und Rassen (Liederbücher)

Gebet Herr, unser Gott, durch unser Singen und Beten, durch unser Hören auf dein Wort (und durch den Empfang des heiligsten Sakramentes) hast du uns mit deiner Gegenwart und Nähe erfüllt. Lass uns durch dich gestärkt Botinnen und Boten der Freude sein für die Welt von heute. Darum bitten wir durch Christus, unseren Herrn.

Markus von Chamier

Bilder

Urerlebnisse des Volkes Israel prägen auch heute noch die Beziehung der Gläubigen zu Gott, wecken ihre Erwartung ihm gegenüber: Die Begegnungen und Offenbarungen Gottes auf dem Berg; das Geschenk des Gelobten Landes, durch Tau und Regen fruchtbar gemacht; die beglückende Erfahrung der Rückführung der Gefangenen nach Jerusalem wie auf einer breiten Straße mitten durch die Wüste. So sind Berg und Weg, Regen und Tau noch immer adventliche Bilder für das Heil, das wir mit dem Kommen Christi verbinden und besingen.

Tau

TEXTE VOM MITTWOCH DER DRITTEN ADVENTSWOCHE

Eröffnung GL 105,1–6 (O Heiland, reiß die Himmel auf)

Einführung Voll Sehnsucht stimmen wir in dieser Stunde ein in den Adventsruf der Kirche: „Tauet, ihr Himmel von oben! Ihr Wolken regnet herab den Gerechten! Tu dich auf, o Erde, und sprosse den Heiland hervor!" Tau und Regen sind Bilder für Gottes unermesslichen Segen für das Land und die Menschen. Maria gehörte zu den Frommen, die auf diese Verheißung vertraut haben. Gottes Heilszusage hat sich in der Geburt Jesu erfüllt. Das Kind Marias ist der erwartete Retter, auf den die Propheten bis hin zum Täufer Johannes gehofft haben. Seine Geburt erneuert die Erde. In ihm schenkt Gott der ganzen Welt Gerechtigkeit und Heil. Zu ihm, der wiederkommen wird, um Gottes Verheißung zu vollenden, rufen wir:

Kyrie-Rufe GL 103 (Tau aus Himmelshöhn) *oder*
Herr Jesus Christus,
still und geheimnisvoll wie der Tau am Morgen.
Voller Segen und Kraft wie der Regen, der niederströmt auf das Land.
Lebendig und kraftvoll wie das Weizenkorn, das aus dem Schoß der Erde wächst und Frucht bringt.

Tagesgebet Allmächtiger Gott, gib, dass wir die Ankunft deines
MB 21 Sohnes mit Freude erwarten. Sie schenke uns in diesem Leben heilende Kraft und in der Ewigkeit den verheißenen Lohn. Darum bitten wir durch ihn, Jesus Christus.

Lesung Jes 45,6b–8.18.21b–25
Antwortpsalm Ps 85; GL 120,3 *(mit Versen aus dem Lektionar im 6. Ton)*
Evangelium Lk 7,18b–23

Impuls für eine kurze Homilie

Der Perserkönig Kyros ermöglicht Israel, aus dem Babylonischen Exil in sein Land – jetzt persische Provinz – zurückzukehren. Der Verfasser des Jesajabuches lässt keinen Zweifel daran, wer der eigentliche Herr der Geschichte ist: Jahwe selbst, der Kyros zu seinem Werkzeug gemacht hat.

Gottes Handeln in der Geschichte wird mit den Bildern vom Tau und vom Regen als Neuschöpfung beschrieben. Beide sind lebensnotwendig. In der regenlosen Sommerzeit Palästinas erhalten die Pflanzen nur über den Tau die zum Überleben notwendige Feuchtigkeit. In der biblischen Tradition wird der Tau als eine Schöpfungs- und Heilsgabe Jahwes verstanden, als Ausdruck seines Segens. Lesung und Psalm sprechen davon in Bildern der Fülle und des Übermaßes. Gerechtigkeit und Friede, Güte und Treue sind Wegbereiter für das Heil Gottes, das dieser von Anfang an gewollt hat und das in der Welt wirksam werden soll. Die Gerechtigkeit vom Himmel und die auf der Erde entsprechen einander (Ps 85,11f.).

Die Lesung kündigt nicht nur ein historisches Ereignis an, sondern eine heilsgeschichtliche Wende: Durch das Ende des Exils wird Gottes machtvolles Wirken vor aller Welt sichtbar, manifestiert sich seine Herrschaft. Dass der Jesajavers vom Tau zum Adventsruf der Kirche werden konnte, geht auf Hieronymus zurück, der ihn in seiner lateinischen Bibelübersetzung christologisch interpretierte: „Tauet, Himmel, den Gerechten, Wolken regnet ihn herab."

Lukas bezeugt, wie in Christus Gottes Heilszusage bereits Wirklichkeit geworden ist. Jesu Worte und Taten sind Zeichen für den endgültigen Anbruch des Gottesreiches. Die Boten des Täufers – dem Zeugenrecht Israels gemäß sind es zwei – werden hierfür zu Augen- und Ohrenzeugen. Bei Jesu Wiederkehr werden sich die Verheißungen der Propheten vollenden. Ziel der Geschichte ist das Heil Gottes, zu dem alle Völker in freiem Bekenntnis eingeladen sind. Jesus wirbt darum, sich Gottes unerwartetem Heilshandeln zu öffnen und an ihm keinen Anstoß zu nehmen. Dies ist die Einladung des Advents auch an uns.

Fürbitten Gott will unser Heil. Wie der Tau die Erde erblühen lässt, so bringt die Erde unter seinem Segen Gerechtigkeit und Frieden hervor. Im Vertrauen auf sein unwiderrufliches Wort flehen wir zu ihm: Du Gott des Heiles, erbarme dich unser.

- Für die Seelsorger, die in ihrem Glauben unsicher geworden sind, bitten wir: Schenke ihnen von neuem die Erfahrung deiner Nähe, damit sie glaubwürdig von dir Zeugnis geben.
- Für die Völker der Erde, die unter Krieg und Unterdrückung leiden, bitten wir: Erfülle ihre Sehnsucht nach Frieden und Gerechtigkeit.
- Für alle, denen bitteres Leid das Vertrauen auf deine Nähe und deinen Schutz geraubt haben, bitten wir: Lass sie Menschen begegnen, die ihnen wieder frischen Glaubens- und Lebensmut zu schenken vermögen.
- Für unsere Verstorbenen, die auf deine Gerechtigkeit vertraut haben, bitten wir: Schenke ihnen das ewige Heil, das denen verheißen ist, die an dich glauben.

Guter Gott, Maria konnte zur Mutter deines Sohnes werden, weil sie deinen Verheißungen geglaubt hat. Erhöre auf ihre Fürsprache unsere Bitten und stärke in uns das Vertrauen, dass sich bei der Wiederkehr deines Sohnes vollenden wird, was du verheißen hast. Dir sei Dank und Ehre in alle Ewigkeit.

Lieder GL 106 (Kündet allen in der Not)
GL 281 (Danket dem Herrn, denn er ist gut)
GL 581 (Ave Maria klare)
Dein Wort ist wie ein Regen (S. 183)
Maranatha (Liederbücher; S. 82)

Gebet Guter Gott, wir danken dir für dein rettendes Wort, das uns die Propheten verkündet haben. Dein Wort ist wie der Tau, der die Erde zum Blühen bringt und ohne den kein Leben gedeihen kann. Dein Wort ist in deinem Sohn sichtbar als Mensch unter uns erschienen. In ihm ist uns dein Heil nahe gekommen. Erneuere in dieser Zeit des Advents unseren Glauben an deine Verheißungen, damit wir an deinem Sohn keinen Anstoß nehmen, sondern ihm voll Freude entgegengehen können, wenn er wiederkommt, um dein Heilswerk zu vollenden. Darum bitten wir durch ihn, Jesus Christus, unseren Bruder und Herrn.

Wort auf den Weg
Wenn wir jetzt in unseren Alltag zurückkehren, sollen auch wir Augen- und Ohrenzeugen für Gottes Heilszusage sein und Zeugnis geben von dem, was wir in dieser Stunde gesehen und gehört haben. Dazu werden wir jetzt gesegnet und gesendet. (Dazu erbitten wir mit unserem abschließenden Lied auch die Fürsprache der Gottesmutter, die durch ihr Ja zu Gottes Verheißung für uns alle Mutter und Vorbild im Glauben geworden ist.)

Feierlicher Schlusssegen
Aus „Messbuch. Sammlung von Marienmessen" (Im Advent) *oder* S. 203

Anregung zur Gestaltung
In der Mitte der Gemeinde oder vor dem Altar brennt die Osterkerze. Ferner stehen dort ein Gefäß mit Weihwasser und mehrere kleine Schälchen. Die Gemeinde kann nach der Predigt auch in Prozession zur Taufkapelle ziehen, wo Osterkerze und Weihwasser vorbereitet sind; währenddessen kann das Lied GL 281 (Danket dem Herrn, denn er ist gut) im Wechsel von V und A gesungen werden.

V Durch die Taufe sind wir zu Erben der Verheißungen Gottes geworden und haben wir daher Anteil an seiner Gerechtigkeit. Im lebendigen Wasser der Taufe sind wir mit Christus begraben und auferweckt worden. In ihm finden wir das Heil. Er ist der lebendige Tempel, von dem das Wasser des Lebens ausströmt. Das Wasser, das zum Leben unbedingt dazu gehört, ist für uns ein sichtbares Zeichen dafür, was Gott uns in der Taufe unsichtbar geschenkt hat: neues Leben in Fülle, dem selbst der Tod nichts mehr anhaben kann. Dafür wollen wir in dieser Stunde danken. Wir beten gemeinsam:

Gebet (A) GL 50,2 (Dank für die Taufe)

V Durch die Taufe sind wir Söhne und Töchter Gottes geworden. Wir alle gehören zusammen als Brüder und Schwestern in Christus. Ich lade dazu ein, dass wir uns in Erinnerung an unsere Taufe gegenseitig mit dem geweihten Wasser, das in der Mitte steht, segnen. Dabei sprechen wir „Gott schenke dir seine Gerechtigkeit und sein Heil" oder ein anderes persönliches Segenswort.

Das Weihwasser wird in die Schälchen gefüllt und den Mitfeiernden gereicht.

Lied GL 220, 3–5 (Wir sind getauft auf Christi Tod)
Axel Bernd Kunze

Berg
Texte vom Montag der ersten Adventswoche

Eröffnung	GL 111,1.4–5 (Die Nacht ist vorgedrungen)
Einführung	Wir haben uns (zu früher Stunde) zur Rorate-Feier versammelt. Dunkelheit und Kälte haben uns nicht davon abgehalten, voller Erwartung den Weg zur Kirche, zum Haus des Herrn, unter die Füße zu nehmen. Darin gleichen wir den Völkern in der Vision des Propheten Jesaja, die sich gegenseitig einladen und ermuntern: „Kommt, wir ziehen hinauf zum Berg des Herrn und zum Haus des Gottes Jakobs!" (Jes 2,3) Schließen wir uns ihnen an in froher Erwartung unseres Herrn, der im Dunkel wohnen will, um es mit seinem Licht zu erhellen.
Bußakt	Zeig, Herr, uns deine Wege: Herr, erbarme dich. Hilf gehn uns deine Pfade: Christus, erbarme dich. Sprich Recht im Streit der Völker: Herr, erbarme dich. Der allmächtige Gott erbarme sich unser, er vergebe uns Sünde, Versagen und Schuld, er führe uns auf seinen Pfaden und lasse uns wandeln in seinem Licht. *Eventuell den Kirchenraum erst jetzt erhellen.*
Tagesgebet *MB 2*	Hilf uns, Gott, dass wir voll Freude in diesen Tagen die Ankunft deines Sohnes erwarten. Nimm alle Trägheit von uns und mache uns bereit, zu wachen und zu beten, damit uns Christus nicht schlafend findet, wenn er kommt und anklopft. Er, der in der Einheit des Heiligen Geistes mit dir lebt und herrscht in alle Ewigkeit.
Lesung	Jes 2,1–5
Antwortpsalm	Ps 122; GL 645,2 *mit* GL 692,2
Evangelium	Mt 8,5–11

Impuls für eine kurze Homilie

„Der Weg ist das Ziel" – mit diesem Lockruf wird heutzutage für alles nur Erdenkliche geworben, von der Abmagerungskur bis zur Zen-Meditation, hin und wieder auch für Pilgerfahrten. Und es hat wohl durchaus seine Richtigkeit: Wer pilgert, auch wer fastet oder meditiert, kann ganz neu sich selbst, seine Kräfte und Grenzen erfahren, seiner Bequemlichkeit in den Weg treten und seine Ausdauer erproben. Andererseits gilt (und lehrt gerade die Bequemlichkeit): „Ohne Ziel kein Weg." Wer ein klares und lohnendes Ziel vor Augen hat, wird sich umso entschlossener auf den Weg machen.

Ein solch klares Ziel stellt uns heute der Prophet Jesaja in Aussicht: den „Berg mit dem Haus des Herrn". Ein fraglos erstrebenswertes und lohnendes Ziel, strömen doch „alle Völker" dorthin und ermuntern sich gegenseitig: „Kommt, wir ziehen hinauf zum Berg des Herrn und zum Haus des Gottes Jakobs!" Ausgerechnet der Berg Zion, in unseren Tagen alles andere als ein Ort des Friedens, war und bleibt (gerade deshalb) ein großes adventliches Zeichen, das Ziel pilgernden Unterwegsseins und unserer hoffenden Sehnsucht nach Sicherheit und Frieden, die Gott schließlich selbst erfüllen wird. Dann wird es nicht mehr so sein, dass sich die Völker gegenseitig den Weg zum Berg Zion streitig machen und versperren, indem sie für den Krieg nicht nur üben und, Volk gegen Volk, nicht nur das Schwert ziehen (vgl. Jes 2,4).

In diesem Streit der Völker wird der Herr selbst Recht sprechen. Und längst schon hat er es getan. Die Gottesbegegnungen auf den Bergen, die erfahrenen wie die ersehnten, die das Alte und das Neue Testament schildern, weisen auf die Heilszeit hin, die wir mit dem Kommen Jesu bereits angebrochen glauben. In diesen Tagen des Advents bereiten wir uns auf das Kommen dieses Friedensfürsten vor, der selbst sowohl der Weg als auch das Ziel ist.

Wir Christen, als Menschen des „(neuen) Weges" (Apg 9,2) haben daher guten Grund, nicht erst auf den Frieden am Ende der Tage zu warten und bis dahin die Hände in den Schoß zu legen. Beginnen wir heute und immer wieder, machen wir uns auf den Weg mit den Vielen, die von Osten und Westen zum Berg Zion kommen und einst „mit Abraham, Isaak und Jakob im Himmelreich zu Tisch sitzen" und teilnehmen am Festmahl, das der Herr für alle Völker geben wird (Mt 8,11/Jes 25,6).

Fürbitten In den mannigfaltigen Verfahrenheiten und Aussichtslosigkeiten unseres Lebens lädt Gott uns ein, seinen Wegen und Weisungen zu folgen. Wir bitten ihn:

- Oft fehlt es uns an Kraft und Mut, deine Wege zu gehen. – Herr, send herab uns deinen Sohn, der gesagt hat: „Ich bin der Weg, die Wahrheit und das Leben."
  Ihr Himmel, tauet den Gerechten. (GL 120,3)
- Manchmal fühlen wir uns wie gelähmt, unfähig zu handeln und die nötigen Schritte zu tun. – Herr, send herab uns deinen Sohn, der gesagt hat: „Ich will kommen und deinen Diener heilen."
- Den christlichen Konfessionen fehlt es bisweilen an Beherztheit, sich gemeinsam auf den Weg zu dir zu begeben. – Herr, send herab uns deinen Sohn, der gesagt hat: „Ich will, dass alle eins seien."
- Viele Völker liegen im Streit miteinander und sind nicht bereit, ihre Waffen zu Werkzeugen des Friedens umzuschmieden. – Herr, send herab uns deinen Sohn, der gesagt hat: „Selig, die Frieden stiften; sie werden Kinder Gottes genannt werden."
- Krankheiten, Arbeitslosigkeit und Armut erweisen sich für viele Menschen als lähmend und ausweglos. – Herr, send herab uns deinen Sohn, der gesagt hat: „Kommt alle zu mir, die ihr schwere Lasten zu tragen habt."

Gott, Ursprung und Ziel allen Lebens, in Jesus Christus hast du uns einen verlässlichen Weggefährten gegeben, der uns in deinem Licht führt und uns den Weg zeigt in das Haus deines Herzens. Dafür danken wir dir durch ihn, Christus, unseren Herrn.

Lieder GL 104 (Tauet, Himmel, aus den Höhn)
GL 570 (Salve Regina)
GL 122 (Ps 24,1-6)
In den letzten Tagen wird's geschehn (Liederbücher)

Gebet Herr, unser Gott, ermutigt durch dein Wort und im Vertrauen auf dein Licht gehen wir in diesen neuen Tag. Bleibe bei uns, wenn uns der Weg zu beschwerlich wird, wenn wir müde werden, oder wenn es Nacht wird, mitten am Tag. Hilf uns, deine Wege zu erkennen, lehre uns, die Welt im Licht deiner Weisheit zu sehen und in allem dein Reich zu suchen.

Anregung zur Gestaltung
Nach der Begrüßung und Einladung mit Jes 2,5 („Ihr vom Haus Jakob, kommt, wir wollen unsere Wege gehen im Licht des Herrn!") ziehen die Gottesdienstteilnehmer mit Kerzen oder Teelichten in die dunkle Kirche ein. Dazu wird gesungen:

Ruf GL 119,5 (Machet euch auf, steigt empor zur Höhe)
oder
Kanon Mache dich auf und werde Licht, denn dein Licht kommt!

Sarto M. Weber

Weg

TEXTE VOM DONNERSTAG DER DRITTEN ADVENTSWOCHE

	Zur Gestaltung des Raumes siehe die Hinweise auf S. 108
Eröffnung	GL 108,1–4 (Komm, du Heiland aller Welt) oder GL 113 (Mit Ernst, o Menschenkinder)
Einführung und Bußakt	Wir haben (zu dieser morgendlichen/abendlichen Stunde) nicht den Weg in die Kirche gescheut, um uns hier zu versammeln. Wir haben uns aufgemacht, um erfahren zu dürfen, dass Gott schon längst unterwegs zu uns ist. Das ist uns wohl bekannt – und doch bedürfen wir der ständigen Zusage. Wir brauchen die Gemeinschaft von Menschen, die gerade in dunklen Tagen bei uns sind und uns auch hin und wieder den Weg ausleuchten. Bekennen wir vor Gott und einander, wo noch Unebenheiten auf diesem Weg sind, und rufen wir gemeinsam zu Jesus Christus, der uns hier zusammengeführt hat. – Ich bekenne …
Kyrie-Rufe	Herr Jesus Christus, in dir ist Gottes Güte lebendig. Kyrie eleison. In dir steht Gottes Herz uns offen. Christe eleison. In dir bahnt sich Gott den Weg zu uns Menschen. Kyrie eleison.
Tagesgebet *MB 22*	Heiliger Gott, wir sind vor dir schuldig geworden, und die Sünde belastet uns. Schenke deinen unwürdigen Dienern die Freude wieder durch die heilbringende Ankunft deines Sohnes, der in der Einheit des Heiligen Geistes mit dir lebt und herrscht in alle Ewigkeit.
Lesung	Jes 54,1–10
Antwortpsalm	Ps 67; GL 732,1.2
Halleluja	GL 530,8 *mit* GL 119,3
Evangelium	Lk 7,24–30

Impuls für eine kurze Homilie

Zwei Be-weg-ungen prägen die Tage des Advents. Ich möchte sie die „johanneische" und die „jesuanische" Bewegung nennen.

Johannes der Täufer rief seine Zuhörer in harschen Worten zur Umkehr auf. Seine Botschaft: Kehrt um! Beschreitet einen neuen Weg! Nur wenn ihr euren Lebensstil radikal ändert, habt ihr noch eine Chance, dass Gott mit euch Erbarmen hat! Johannes betonte damit stärker den eigenen Beitrag, den jede und jeder einzelne zu leisten hat, damit sich Gottes Ankunft ereignen kann.

Jesus sprach demgegenüber von dem bedingungslosen und unverdienten Erbarmen Gottes. Wir müssen nicht in Vorleistung treten, damit Gott seine Herrschaft unter uns aufrichtet. Jesus war durchdrungen von der Gewissheit, die schon in den prophetischen Texten des Alten Testamentes aufscheint *(vgl. Lesung)*: Gott kehrt um und macht sich – von leidenschaftlicher Liebe getrieben – auf den Weg zu uns Menschen.

Die beiden Bewegungen schließen einander nicht aus, sondern sie ergänzen sich gegenseitig. Auch Jesus rief zur Umkehr auf, die sich darin zeigt, dass jemand den Willen Gottes anerkennt. Eben dies wird ein Mensch aber nur aus freien Stücken tun, wenn er zuvor die vergebende Liebe Gottes am eigenen Leib erfahren hat.

Die beiden skizzierten Bewegungen lassen sich auch in der Liturgie der adventlichen Tage ausmachen. In den ersten Wochen dominiert der „johanneische" Ton mit endzeitlichen Texten und der Täuferpredigt. Je näher jedoch der Weihnachtstag rückt, desto mehr gewinnt die „jesuanische" Bewegung die Überhand: Gott hat sich auf den Weg zu uns Menschen gemacht – in dem Menschen Jesus von Nazaret! Gott sei Dank!

Nach der Ansprache und ggf. einer kurzen Stille kann das Rorate caeli (GL 120,3 bzw. 120,4) responsorisch gesungen werden.

Fürbitten In Jesu Worten und Taten scheint Gottes Liebe zu uns Menschen durch. Zu ihm, unserem Bruder und Hern, rufen wir:
Komm, Herr, komm und erlöse uns! (GL 118,3)
- Wir bitten für die christlichen Kirchen: dass sie die Botschaft von Gottes unbedingter Liebe nicht verschweigen.
- Wir bitten für die Regierenden unseres Landes: dass sie unbequeme Wahrheiten nicht aus falscher Rücksichtnahme vor den Wählern verschweigen.
- Wir bitten für jene, die sich in ihrem Wohlstand eingerichtet haben: dass sie sich von Gottes Wort bewegen lassen.
- Wir bitten für uns selbst: dass die Not Leidenden unserer Welt nicht vergebens auf unsere Hilfe hoffen müssen.
- Wir bitten für alle, deren irdischer Weg zu Ende gegangen ist: dass sie ewige Heimat finden bei Gott.

Gott, du kommst all unserem Beten mit deiner Liebe zuvor. Dich loben und preisen wir bis zum Tag der Ankunft Jesu Christi, unseres Herrn.

Lieder GL 106 (Kündet allen in der Not)
GL 119,3 (*mit* Chorbuch zum GL)
GL 111 (Die Nacht ist vorgedrungen)
Menschen auf dem Weg durch die dunkle Nacht
Bereitet, bereitet den Weg dem Herrn
Wir suchen den Weg (Liederbücher)

Gebet Gott, unser Vater, in dieser Feier hast du dich auf den Weg zu uns gemacht: Dein Sohn war lebendig in dem Wort, das wir gehört, und in den Gebeten, die wir zu dir erhoben haben. Behüte uns in den Tagen, die bis zum Weihnachtsfest verbleiben. Begleite uns auf dem Weg zum Stall, wo wir deinem Mensch gewordenen Erbarmen begegnen – Jesus Christus, unserem Herrn.

Anregungen zur Gestaltung
In der abgedunkelten Kirche kann mit Kerzen oder Opfer-/Teelichten ein Weg vom Ambo (bei einer Eucharistiefeier auch vom Altar) in den Gemeinderaum gestellt werden: In Wort (und Sakrament) bahnt sich Gott einen Weg zu uns.
Bei einer Eucharistiefeier kann der Wortgottesdienst an einer anderen Stelle im Kirchenraum (Taufkapelle, Seitenaltar o. ä.) gefeiert werden, um zur Gabenbereitung mitsamt den Gaben singend zum Altar zu ziehen.

Frank Peters

Propheten

Immer wieder hat Gott die Menschen durch Propheten gelehrt, das Heil zu erwarten. Seht, unser Herr wird kommen: Ein Wort des Propheten Jesaja, der in der Adventszeit besonders zu uns spricht und dessen Verheißungen wir in der Geburt Jesu Christi als erfüllt glauben. Doch auch andere Propheten schauten auf wunderbare Weise die kommende Herrlichkeit, wie der Seher Bileam. Johannes der Täufer war der letzte und einzige der Propheten, der dem Herrn selbst begegnete. Als den Größten der Menschen, mehr als einen Propheten, hat ihn Christus bezeichnet, weil er wie ein zweiter Elija auftrat und Zeugnis für Gott ablegte.

Bileam
Texte vom Montag der dritten Adventswoche

Eröffnung	GL 106 (Kündet allen in der Not) *oder* Tauet, Himmel, den Gerechten (GL-Diözesananhänge)
Einführung	In Krisenzeiten des Lebens und in Tagen der Not halte ich oft Ausschau nach Menschen und Zeichen, die weiterhelfen. Ich suche einen guten Rat. Ich erhoffe ein tröstendes Wort. Ich erwarte auch einen kritischen Hinweis, der meine Situation erhellt. Vielleicht suche ich auch nach jemandem, der mir die Augen öffnet für Gott und die Perspektiven, die er für mein Leben bereithält. Im Alten Testament finden wir in den Propheten solche richtungsweisenden Menschen. Einer von ihnen ist der Seher Bileam. Er sollte auf Geheiß des Königs Balak von Moab das Volk Israel verfluchen. Doch er weissagt Israel einen Heilsbringer, der über Jakob wie ein Stern aufgeht. In der Geburt Jesu erstrahlt er auch für uns.
Kyrie-Rufe	In der Nacht unseres Lebens bist du der Stern, der unsere Finsternis erhellt. Herr, erbarme dich. In der Not unserer Zeit bist du das ermutigende und ermahnende Wort. Christus, erbarme dich. In der Orientierungslosigkeit unserer Tage bist du das richtungsweisende Zeichen. Herr, erbarme dich.
Tagesgebet *MB 19*	Gütiger Gott, neige dein Ohr und erhöre unsere Bitten. Erleuchte die Finsternis unseres Herzens durch die Ankunft deines Sohnes, der in der Einheit des Heiligen Geistes mit dir lebt und herrscht in alle Ewigkeit.
Lesung	Num 24,2–7.15–17a
Antwortpsalm	Ps 25; GL 119,3 *(mit Versen aus dem Lektionar im 1. Ton) oder* GL 462,2 (Zu dir, o Gott, erheben wir)
Evangelium	Mt 21,23–27

Impuls für eine kurze Homilie

Propheten haben bei uns längst ausgedient. Nur vereinzelt finden wir noch verschrobene Typen in den Fußgängerzonen unserer Großstädte. Lauthals schreien sie Gottes angebliche Botschaft heraus. Doch meist sind es selbst ernannte Unheilspropheten, Scharlatane. Sie schüren die Angst der Menschen und hoffen, damit ein gutes Geschäft zu machen. Im Laufe der Geschichte haben Menschen mit ihnen immer wieder schlechte Erfahrungen gemacht. Verwundert es uns da, wenn wir unempfindlich geworden sind für prophetische Menschen und prophetische Zeichen? Der Advent möchte uns erneut dafür sensibilisieren.

Ähnlich wie das Gottesvolk des Alten Testamentes ist mancher von uns in einer Art Erwartungshaltung. Offen für das, was Gott mit dem Menschen vorhat. Offen für ein Wort, das Gott zum Menschen spricht. Offen für einen Weg, den Gott weist. So hören wir in den Tagen des Advents vielfach von den Propheten des Alten Bundes. Sie verweisen immer wieder auf einen Messias und möchten ihm den Weg in die Herzen der Menschen bereiten. Sie haben die Vision: Da kommt einer, der das Gottesvolk retten wird. Er führt es aus Gefangenschaft und Not heraus. Er hat Worte des Trostes. In der Begegnung mit ihm geschieht jedem Heil. Wie aber kann und muss ich heute das Wort der Propheten von damals hören?

Ein Fußballspiel im Fernsehen wird manchmal erst durch einen Kommentator spannend und überschaubar. Ähnlich gewinnt manchmal unser Leben und unser Glaube an Kontur durch solch ein prophetisches Wort der Bibel, von dem ich mich treffen lasse, und bekommt eine neue Richtung. In der Lesung spricht der Seher Bileam auch zu mir, wenn er verkündet: „Ein Stern geht in Jakob auf, ein Zepter erhebt sich in Israel." Im Stern von Bethlehem, in Jesus selbst, mag ich die Erfüllung seiner Verheißung erkennen.

Bileam kommentiert mir aber auch das Kommen Jesu für *mein* Leben. Es sagt: „Mit diesem Jesus steht dein Leben unter einem guten Stern." Gott schreibt mit Jesus ein Vorzeichen vor dein Leben, das es bestimmen mag und wie eine mathematische Gleichung verändert. Dieses Vorzeichen ist oft nicht auf den ersten Blick erkennbar. Es braucht manchmal eine Nachdenk- und „Rechenzeit", bis ich es erkenne.

So ging es auch dem Bileam: Sein Esel, auf dem er ritt, sah auf dem Weg Gottes Engel stehen. Zuerst wich er ihm aus, dabei verletzte er Bileam, schließlich blieb er stehen und ging in die Knie. Bileam glaubte, dass sein Esel nur störrisch sei, und schlug auf ihn ein, dreimal, bis auch ihm die Augen geöffnet wurden und er den Engel erblickte. Da bereute er sein heftiges Verhalten gegenüber dem „dummen" Esel und nahm sich vor umzukehren.

Gottes Stern in Jesus Christus auch für das eigene Leben erkennen – doch schon vorher bereit sein umzukehren, wo Schwäche und Sünde die Augen blind machen für den rechten Weg: Das kann uns Bileam als adventliche Weisung schenken.

Fürbitten

In diesen adventlichen Tagen kann eine Begegnung mit Jesus zu einer Sternstunde des Lebens werden. So rufen wir zu ihm, unserem Herrn:

- Wo Menschen in den Dunkelheiten ihres Lebens, in Trauer und Verzweiflung gefangen sind: Komm und sei das erleuchtende Wort.
- Wo Menschen Orientierung suchen in den verwirrenden Sinnangeboten unserer Zeit: Komm und sei das Richtung weisende Zeichen.
- Wo Menschen an seelischen und körperlichen Krankheiten leiden: Komm und sei die rettende Hand.
- Wo Menschen sich durch den Tod von Angehörigen oder Freunden verloren fühlen: Komm und sei die Hoffnung stiftende Kraft.

- Wo Menschen niedergedrückt werden von Selbstvorwürfen und Schuld: Komm und sei der Vergebung schenkende Erlöser.

Herr, du leuchtest unserem Leben voran, wie ein Stern in der Finsternis. Du schenkst unserm Dasein Richtung und Kraft. Dafür danken wir dir alle Tage unseres Lebens.

Lieder GL 555 (Morgenstern der finstern Nacht)
Menschen auf dem Weg durch die dunkle Nacht
Gottes Wort ist wie Licht in der Nacht
Wie Blinde stolpern wir im Dunkeln (Liederbücher)
Ein Seher namens Bileam (S. 114)

Gebet Herr, unser Gott, immer wieder hast du dein Volk durch die Propheten gelehrt, dein Heil zu erwarten. In deinem Sohn Jesus Christus leuchtet es uns auf wie ein Stern in einer dunklen Nacht. So bitten wir dich: Lass das Licht seiner Botschaft unsere Herzen erhellen, damit wir ihn immer mehr als den Messias unseres Lebens erkennen und selber etwas von der Lebenshoffnung ausstrahlen, die du uns in seiner Menschwerdung geschenkt hast. Darum bitten wir durch ihn, Jesus Christus, unseren Herrn.

Anregung zur Gestaltung

Mit einem Bild der Sternscheibe von Nebra (ca. 1600 vor Chr.) kann den Teilnehmern die uralte Beziehung von Mensch und Sternen nahe gebracht werden. Es erschließt das Bild von Christus als dem verheißenen „Stern Jakobs" nach der Weissagung Bileams. Auf einem Papierstern kann jeder Teilnehmer für sich notieren, wo für ihn Christus als Leitstern des Lebens aufleuchtet. Oder es werden bereits beschriftete Sterne verteilt, die solche Situationen benennen. Als adventliches „Memo" soll es mit nach Hause genommen werden.

Herrmann Würdinger

Ein Seher namens Bileam

1. Ein Se-her na-mens Bi-le-am trat einst zur Rei-se an. Ein

Kö-nig woll-te, dass er kam und ei-nen Fluch er-sann.

KV: Bi-le-am, ach Bi-le-am, was ist denn los?

Bi-le-am, ach Bi-le-am: Gott ist doch groß!

2. Ein Esel trug den Bileam auf störrisch raue Art.
   Den Esel schlug der Bileam aus Zorn recht rabiat.

3. In Wahrheit half dem Bileam des Esels Eigensinn,
   weil der in Schutz ihn dadurch nahm, sonst wär sein Glück dahin.

4. Ein Engel schien dem Glück im Weg, er zückte schon sein Schwert.
   Doch hat der Esel sich bewegt, den harten Hieb verwehrt.

5. Der Engel sagte Bileam: „Mensch geh! Doch spreche nicht!
   Es sei denn, Gott wird mitteilsam. Dann wird dein Wort zur Pflicht!"

T: Hermann Schulze-Berndt © beim Autor
M: Markus Grohmann © beim Komponisten

Elija

TEXTE VOM SAMSTAG DER ZWEITEN ADVENTSWOCHE

Einführung   Vier kleine Pech- oder Wachsfackeln (Fackeln eignen sich besser als Kerzen) vorbereiten, die zu den Feuer-Worten brennend in ein mit Sand gefülltes Gefäß gesteckt werden.
  Feuer
bringt Licht und Klarheit, vertreibt das Dunkel, erhellt die Nacht, die Wahrheit bleibt.

  Feuer
verspricht Wärme und Geborgenheit,
die Kälte flieht, die Angst wird kleiner und verschwindet, das Leben siegt.

  Feuer
zerstörerische Kraft, reinigt die Herzen, vernichtet das Böse, das Gute setzt sich durch.

  Feuer
Flamme des Göttlichen, brennt in den Menschen, begeistert für Christus. Ein Prophet wie Feuer, sein Gott ist Jahwe, der Ich-bin-da – sein Name ist Elija.

Lied   Gott aus Gott und Licht aus Licht,
Feuer, das aus Feuer bricht,
Ewigkeit, noch nie erkannt,
Himmel, der zur Erde fand.

Himmel, der die Erde liebt,
Liebe, die dem Feind vergibt,
Feuer, das für alle brennt,
Gott, der keine Grenzen kennt.

Lobt die Macht, die sich verneigt.
Lobt den Himmel, der nicht schweigt.
Lobt das Licht, in uns entfacht,
Licht aus Licht in unsrer Nacht.

M: GL 108 (Komm, du Heiland aller Welt)
T: Georg Schmid 1989 © TVZ Theologischer Verlag Zürich AG

Bußakt Herr Jesus Christus, du bist das Licht, das die Völker erhoffen: Herr, erbarme dich unser.
Du bist gekommen, Feuer auf die Erde zu werfen: Christus, erbarme dich unser.
Du lässt das Feuer des Geistes in den Herzen der Menschen brennen: Herr, erbarme dich unser.
Der allmächtige Gott erbarme sich unser. Er reinige uns von Schuld und verbrenne in unseren Herzen alles Böse. Er entfache in uns die Flamme seiner Liebe und führe uns zum ewigen Leben.

Tagesgebet
MB 17
Allmächtiger Gott, lass deine Herrlichkeit in unseren Herzen aufstrahlen und nimm den Todesschatten der Sünde von uns, damit wir bei der Ankunft deines Sohnes als Kinder des Lichtes offenbar werden. Darum bitten wir durch ihn, der in der Einheit des Heiligen Geistes mit dir lebt und herrscht in alle Ewigkeit.

Lesung Sir 48,1–4.9–11
Antwortpsalm Ps 80; GL 735,1.2 (VV. 1–2.14–19)
Evangelium Mt 17,9a.10–13

Impuls für eine kurze Homilie

Elija – ein Prophet wie Feuer, als einziger von denen übrig geblieben, die auf den einen Gott vertrauen. Ein Prophet wie Feuer – unerschrocken kämpft er gegen den Götzendienst und für seinen Gott Jahwe, das Feuer Gottes nimmt das Opfer an und vernichtet die Feinde des Propheten.

Elija – ein Prophet wie Feuer, am Horeb erfährt er, dass Jahwe kein Gott der Gewalt und Vernichtung ist. Nicht nur in Feuer und Sturm zeigt sich Gott, sondern im leisen Säuseln, sanft und unscheinbar.

Ein Prophet wie Feuer, aber dieses Feuer brennt nicht immer. Auch Elija wird mutlos, kein Feuer brennt, kalte Asche im Herzen. Aber Gott stochert in der scheinbar toten Asche, entdeckt die fast erloschene Glut und entfacht sie wieder zur Flamme. Steh auf und iss! Dein Weg ist noch weit! Das gibt wieder Mut, das Feuer brennt.

Im Feuerwagen fährt Elija in den Himmel auf, und das Volk Gottes erwartet seine Wiederkunft am Tage des letzten Gerichts, am Tage des großen Weltenbrandes, des großen Feuers am Ende der Zeiten. Seine Aufgabe: den Messias zu salben und ihn dem Volk vorzustellen.

Elija ist schon gekommen, sagt Jesus. Das Reich Gottes ist nahe. Und wo Gottes Reich spürbar ist, da brennt sein Feuer in Menschen wie Elija und Johannes, da werden Menschen zu Propheten wie Feuer. An Pfingsten kommt dieses Feuer auf die Apostel herab; Taufe und Firmung wollen auch in uns dieses Feuer entzünden. Eure Söhne und Töchter werden Propheten sein, sie brennen durch den Heiligen Geist, sie werden verzehrt von der Liebe Gottes, sie leuchten selbst wie das Feuer seiner Liebe: Begeisterung, Hingabe, Nachfolge!

In jedem brennt dieses Feuer anders; es gibt viele Wege, Gott zu dienen. Manchmal ist da nur noch ein schwaches Glimmen; du bist mutlos, hoffnungslos, müde, verzweifelt. Aber wenn du meinst, jetzt ist auch der letzte Funke Hoffnung erloschen, dann lass in dir ein großes Feuer entflammen; denn dein Gott ist Jahwe, dein Gott ist immer für dich da.

Fürbitten Zu Gott, der Elija zum Feuerpropheten berufen hat, beten wir:
- Entzünde das Feuer der Begeisterung in vielen jungen Christen. Lass sie ihre Berufung entdecken als Priester oder Diakon, in einem Orden oder in einem kirchlichen oder caritativen Beruf. Ermutige sie, ihre Berufung zu leben und gib ihnen Kraft dazu.
- Entzünde das Feuer des Glaubens in den Christinnen und Christen, die unsicher geworden sind und nicht mehr wissen, ob ihre Berufung trägt. Zeige ihnen deine Gegenwart und gib ihnen Orientierung in der Nacht ihres Lebens.
- Entzünde das Feuer der Liebe in unserer kalten Welt. Lass die Liebe brennen in Bungalows, Hoch-

häusern und Wellblechhütten, in Altenheimen, Krankenhäusern und Anstalten; vor allem aber lass sie brennen in den Herzen der Menschen und bewahre sie davor, die Flamme ausgehen zu lassen.
- Lass den kleinen Funken Hoffnung nicht erlöschen. Wo jemand gestorben ist, wo Menschen trauern und nicht mehr weiter wissen, wo Beziehungen zerbrochen sind – zeige du neue Wege zum Leben.

Lebendiger Gott, Elija und Johannes haben sich auf deinen Ruf eingelassen und deinen Auftrag angenommen. Sie waren bereit, dir in ihrem Leben Raum zu geben. Wir bitten dich: Zeige auch uns deine Gegenwart und Nähe. Gib uns die Kraft, unsere eigene Berufung zu leben. Darum bitten wir durch Christus, unseren Herrn.

Lieder GL 568 (Komm, Herr Jesu, komm)
GL 290 (Gott wohnt in einem Lichte)
Kleines Senfkorn Hoffnung (Liederbücher)

Gebet Lebendiger Gott, Worte wie Feuer haben die Propheten in deinem Auftrag zu unseren Vorfahren und zu uns gesprochen. Sie sind dein Ohr und dein Mund und bewirken, dass die Herzen der Menschen in Liebe zu dir entflammt werden. Wir bitten dich: Dein ewiges Wort komme und wohne unter uns, unser Herr Jesus Christus, der mit dir lebt und herrscht in alle Ewigkeit.

Robert Weinbuch

Johannes der Täufer
TEXTE VOM DONNERSTAG DER DRITTEN ADVENTSWOCHE

Einzug in Stille. Nach Kreuzzeichen und Gruß folgt gleich der Gesang des Rorate.

Bußakt GL 120,3 (Ihr Himmel, tauet den Gerechten – *mit Chorbuch zum GL oder* S. 180)
Keine Vergebungsbitte, sondern sogleich im Anschluss:

Tagesgebet Heiliger Gott, wir sind vor dir schuldig geworden,
MB 22 und die Sünde belastet uns. Schenke deinen unwürdigen Dienern die Freude wieder durch die heilbringende Ankunft deines Sohnes, der in der Einheit des Heiligen Geistes mit dir lebt und herrscht in alle Ewigkeit.

Lesung Jes 54,1–10
Antwortpsalm Ps 30; GL 527,6 *(mit Versen aus dem Lektionar im 2. Ton) oder* Ps 18; GL 712,1.2
Evangelium Lk 7,24–30

Impuls für eine kurze Homilie

Gern wird das Wort „prophezeien" mit „in die Zukunft schauen", „vorherverkünden" gleichgesetzt. Doch das würde den Propheten zu einem Jahrmarkts-Wahrsager degradieren. Prophet sein, prophezeien heißt der Wortbedeutung nach vielmehr „für (einen anderen) sprechen". Man könnte auch sagen: Ein Prophet ist einer, der sich einmischt – im Namen und Auftrag Gottes, für den er spricht, dessen Sinnen und Trachten er den Menschen kundtut – sehr oft zu deren Verdruss.

Von zwei Propheten hören wir heute: Der eine, Jesaja, sprach selbst zu uns; über den anderen, Johannes, sprach Jesus. Beider Namen drückt etwas Ähnliches aus: „Gott ist Hilfe" bedeutet der Name Jesaja übersetzt, „Gott ist gnädig" der des Johannes. Auch in ihrem Schicksal glichen sie einander: Jesaja soll unter König Menasse Ende des 7. Jahrhunderts vor Christus den Martertod erlitten haben, Johannes wurde, nachdem er Herodes Antipas zu unbequem geworden war, gefangen genommen und unter dramatischen Umständen enthauptet. Für Gott sprechen kann lebensgefährlich sein.

Nicht zuletzt trifft dies auf Jesus selbst zu: Der „Prophet Jesus von Nazaret in Galiläa", wie ihn die Leute in Jerusalem nannten (Mt 21,11), sprach „in Vollmacht" von Gott, ja, er war das Mensch gewordene Wort Gottes selbst, er war derjenige, in dem Gottes Erbarmen, das Jesaja in der heutigen Lesung dreimal den Menschen zusprach, handgreiflich spürbar wurde, der aber, wie die beiden anderen, dafür den Preis seines Lebens zahlte.

Das Auftreten des Propheten Johannes war ein Ereignis. Scharenweise zogen die Menschen zu ihm hinaus in die Wüste und an den Jordan. Sein markantes Äußeres und seine unmissverständliche Redeweise erregten Aufsehen. Doch nicht nur zum Schauen und Hören kamen sie – viele ließen sich als Zeichen der Umkehr auch von ihm taufen. Daran erinnert Jesus die Menschen im heutigen Evangelium. Er erinnert sie daran, wen sie in Johannes – der jetzt im Kerker liegt – sahen: einen Propheten, der machtvoll den Weg für Gott bereitete.

Als solcher wird er uns heute auch ganz bewusst vor Augen geführt. Der Advent fordert uns ja wie Johannes der Täufer dazu auf, das Unebene gerade zu machen, umzukehren, gute Früchte zu bringen. Wenn schon Johannes in seiner Bußpredigt die Menschen zur Umkehr bewegte, um wieviel wichtiger ist sie erst in Hinblick auf das Kommen des Reiches Gottes, in dem der Kleinste größer ist als Johannes, den Jesus doch den Größten unter den Menschen bezeichnete?

Der Blick auf die Propheten zeigt, dass der Advent nicht die gemütliche Vorweihnachtszeit ist, zu der er gern gemacht wird. Die Propheten wollen aufmischen, indem sie sich einmischen, sie wollen uns aufschrecken aus trauter Gemütlichkeit, sie wollen, dass wir ernst machen mit dem Willen zur Umkehr und Wege bereiten für das Reich Gottes, das unter uns anbrechen will. Sie wollen uns wachrütteln, dass wir das Kommen Gottes nicht verpassen und auch in schweren Zeiten daran festhalten: Gott ist gnädig, er hat Erbarmen mit uns (Jes 54,10).

Fürbitten Johannes sollte den Weg für Gott bahnen. In seinem Sinne lasst uns beten und Christus bitten:
- Um Gedanken des Friedens für die Menschen, die in Streit, gegenseitigem Hass oder in Krieg leben. Christus, höre uns.
- Um Zuversicht und Vertrauen in das Erbarmen Gottes für die Menschen, die trauern und schweres Leid tragen.
- Um Reue und Einsicht für jene Menschen, die Unrecht begangen und andere in Wort oder Tat verletzt haben.
- Um Geduld, Wohlwollen und Augenmaß für alle Eltern, Lehrer und Erzieher im Umgang mit Kindern und Jugendlichen.
- Um Mut in die eigene Kraft und Phantasie für alle, die ihre Arbeit verloren haben und auf der Suche nach einer neuen Stelle sind.
- Um das Wachsen in Glaube, Hoffnung und Liebe für uns und alle, die das Reich Gottes in dieser Welt verkünden und leben.

Gott, du hast uns von Jugend an geliebt und willst uns in deinem Erbarmen heimholen zu dir. Lass uns bereit sein für dich – heute und in Ewigkeit.

Besinnung Johannes war der Bote, den Gott gesandt hat, einen Weg für ihn zu bahnen: „Bereitet dem Herrn den Weg! Macht gerade seine Pfade!" Dieses Wort des Täufers gilt vor allem für die Unebenheiten in uns selbst. Das bekannte Gebet des heiligen Niklaus von Flüe ist in diesem Sinn ein adventliches Gebet, das uns durch diese Zeit begleiten kann:

„Mein Herr und mein Gott,
nimm alles von mir, was mich hindert zu dir.
Mein Herr und mein Gott,
gib alles mir, was mich fördert zu dir.
Mein Herr und mein Gott,
nimm mich mir und gib mich ganz zu eigen dir."

Lieder   Benedictus; GL 680/681
Vorläufer sein, fremd und allein (S. 123)
GL 113 (Mit Ernst, o Menschenkinder)

Gebet   Gott, Johannes der Täufer hat für dich gesprochen und wurde zum Propheten deines Sohnes. Er hat sich für ihn klein gemacht und wurde von ihm als der Größte unter den Menschen bezeichnet. Gib uns etwas von seinem Mut, dass wir uns einmischen, wo die Sache Jesu auf der Strecke zu bleiben droht, dass wir Partei ergreifen für das Evangelium – sei es gelegen oder ungelegen. So kann dein Reich sich unter uns immer mehr ausbreiten, das mit Jesus Christus zu uns gekommen ist, der mit dir lebt und uns liebt in Ewigkeit.

Anregung zur Gestaltung
Bilder von Menschen – Heiligen – auslegen, die „prophetisch" gewirkt haben, weil sie sich im Namen Gottes und für seine Sache eingemischt haben. Zeigen, dass Propheten nicht „von gestern" sind; dass wir durch Taufe und Firmung berufen sind, selbst Propheten zu werden mit Wort und Tat.

Guido Fuchs

Vorläufer sein

1. Vorläufer sein,
fremd und allein,
Zeichen am Weg, aber nicht das Ziel,
Kommendes sehn,
Wüsten begehn,
Läufer, nicht König im großen Spiel:
dazu rief der Herr der Welten
dich, Johannes, in seinen Dienst,
und du ließest sein Wort gelten,
als du mahnend am Fluss erschienst.

2. Vorläufer sein,
machtlos und klein
vor dem, der handelt an Gottes statt,
nur ein Prophet,
der wieder geht,
wenn er den Auftrag beendet hat:
unbeirrter Wüstenrufer,
treu erfülltest du deinen Teil,
tauftest dort am Jordanufer
und bezeugtest das nahe Heil.

3. Vorläufer sein,
Gott lädt euch ein,
werdet Propheten mit Wort und Tat!
Gebt, was ihr seid,
ihm, der befreit,
er braucht zur Ernte auch eure Saat.
Dieser Ruf geht um die Erde –
du, Johannes, bist sein Gesicht.
Mit prophetischer Gebarde
zeig uns Christus, das wahre Licht!

T: Peter Gerloff © beim Autor
M: zu singen nach GL 270
(Kommt herbei, singt dem Herrn)

Symbole

Zu keiner anderen Zeit im Jahr werden religiöse Symbole so zahlreich auch im Alltag verwendet: Sterne, Kerzen und Engel begegnen auf Schritt und Tritt. Die adventlichen Gottesdienste aber halten auch andere, weniger verbrauchte Bilder bereit, denen es lohnt, nachzuspüren, weil sie leiser, doch nicht minder nachdrücklich auf das Geheimnis der Ankunft des Gottessohnes verweisen wie das Schiff, die Beziehung zu ihm ausdrücken wie die Tür, die den Segen versinnbilden, der uns aus seinem Kommen erwächst wie die blühenden Sträucher in der Wüste.

Schiff
TEXTE VOM FREITAG DER ZWEITEN ADVENTSWOCHE

Lied GL 114,1–2 (Es kommt ein Schiff, geladen)

Einführung Das Lied „Es kommt ein Schiff geladen" führt uns durch den heutigen Gottesdienst. Die Bilder, derer sich das Lied, das schon über vierhundert Jahre alt ist, bedient, sind für die Liturgie ungewöhnlich. Der Text vergleicht das Adventsgeschehen mit der Fahrt eines Schiffes, wir hören von einem Mast und einem Segel. Eine Parallele, so faszinierend wie geheimnisvoll. Wir wollen uns mitnehmen lassen auf eine Fahrt der Erwartung und der Hoffnung.
Wie die Seeleute für ihren Weg, so wollen wir uns zu diesem Gottesdienst bereiten. Nehmen wir unser Leben in den Blick, das Gepäck, mit dem wir uns hier zusammenfinden. Wir bitten den Herrn um sein Erbarmen.

Kyrie-Rufe Jesus Christus,
du weißt um unser Suchen und unsere Sehnsucht.
Du bist das Licht, das unsere Wege hell macht.
Du willst uns als Mensch unter Menschen begegnen.

Tagesgebet Allmächtiger Gott, gib, dass wir die Ankunft deines
MB 16 Sohnes mit großer Wachsamkeit erwarten und unserem Erlöser und Heiland Jesus Christus mit brennenden Lampen entgegengehen. Darum bitten wir durch ihn, der in der Einheit des Heiligen Geistes mit dir lebt und herrscht in alle Ewigkeit.

Lesung Jes 48,17–19
Antwortpsalm Ps 1; GL 708,1.2
Evangelium Mt 11,16–19

Liedstrophe GL 114,3

Impuls für eine kurze Homilie

Vor den Toren Hamburgs, direkt an der Elbe, liegt das Schulauer Fährhaus. Eine Fähre gibt es hier im schleswig-holsteinischen Wedel nicht mehr. Das Gebäude ist jetzt vielmehr ein beliebtes Ausflugscafé. An sonnigen Nachmittagen sind Terrasse und Innenraum voll besetzt. Das liegt weniger an Kaffee und Kuchen als an einer ganz besonderen Tradition: Das Schulauer Fährhaus ist das so genannte „Willkommhöft" von Hamburg. Schiffe, die den Hafen ansteuern, werden hier mit dem Hissen der Heimatflagge und dem Abspielen der jeweiligen Nationalhymne willkommen geheißen. Man sieht die großen Frachter tief im Wasser liegen, der Stewen ist nicht mehr zu sehen. Langsam manövrieren sie den Fluss hinunter. Die Ladung ist schwer und kostbar und an irgendeinem Hafenbecken warten schon die Lastkraftwagen, um die Ware aufzunehmen.

Mit diesen Bildern können wir das Adventslied neu hören, das heute im Mittelpunkt unseres Rorategottesdienstes steht. Von einem Schiff ist die Rede, vollgeladen mit einer ganz besonderen Fracht. Angetrieben durch die Liebe, gegen alle Widerstände gestützt durch den Heiligen Geist, trägt es das letztgültige Wort Gottes: Jesus Christus.

Obwohl das Symbol des Schiffes so prägend für das bekannte Lied ist, geht nicht eindeutig aus dem Text hervor, wofür das Schiff selbst steht. Die Attribute sind benannt, aber wie können wir den Schiffsrumpf deuten? Der heutige Gottesdienst macht die Antwort deutlich. Es ist der Advent, der sich mit seiner kostbaren Fracht langsam durch den Dezember auf den Hafen, das Weihnachtsfest, hinbewegt. Diese besondere Zeit soll geprägt sein von der Liebe, die die Menschen antreibt, weil sich die Liebe Gottes zu den Menschen in der Krippe zu Bethlehem inkarniert. Sie wird gestützt durch den Heiligen Geist, der in der wartenden Kirche wirkt.

Die Schiffe auf der Elbe ziehen langsam am Schulauer Fährhaus vorbei. Da sitzen Gäste bei Kaffee und Kuchen, um die ankommenden Schiffe zu begrüßen und sich an den Ozeanriesen zu erfreuen. Wir haben uns zum Gottesdienst versammelt um den Advent als Gast im Jahreslauf zu begrüßen und zu feiern. Die Zeit der Ankunft des Herrn bewegt sich langsam aber sicher mit ihrer kostbaren Fracht auf den Hafen zu, der Weihnachten heißt.

Lied GL 114,4–7

Fürbitten Die Adventszeit ist eine Zeit der Erwartung und der Hoffnung. Wir haben das Geschenk der Ankunft des Gottessohnes deutlich vor Augen. Dadurch gestärkt bitten wir Gott, unseren Vater:
- Für eine Kirche, die das Evangelium als kostbaren Schatz zu den Menschen trägt.
Gott, unser Vater:
Wir bitten dich, erhöre uns.
- Für die Regierungen und ihre große Verantwortung, die Völker durch die Stürme der Zeit zu steuern.
- Für alle Menschen, die schwer an ihrer Last zu tragen haben.
- Für unsere Gemeinde, die ein helles Zeugnis der Hoffnung sein will.
- Für uns und einander, die wir uns auf die Ankunft des Gottessohnes in unsere Herzen vorbereiten.

Diese Bitten und alles, was uns im Herzen bewegt, tragen wir vor dich. Du bist uns nahe in Jesus Christus, unserem Herrn.

Gebet Gott unser Vater, in deinem Wort bist du den Menschen nahe. Stärke uns in dieser Adventszeit, damit unser Leben hell wird und wir freudig die Ankunft deines Sohnes erwarten, der mit dir lebt und herrscht in Ewigkeit.

Lieder GL 113 (Mit Ernst, o Menschenkinder)
GL 107 (Macht hoch die Tür)

Anregung zur Gestaltung
Die Feier kann mit einem besonderen Element aufwarten, um die Mitfeiernden einzubinden. Das Bild vom Schiff ist für alle sehr leicht vorstellbar, deswegen kann es stilisiert dargestellt werden. Ein gespanntes Seil und ein daran befestigtes Betttuch stehen für das Segel und den Mast. Zu den Fürbitten wird eingeladen, diese frei zu formulieren und zu jeder Bitte eine Kerze am Rand des „Segels" zu entzünden.

Eine andere Möglichkeit ist, das Boot selbst zu beladen. Um das Segel wird – mit Steinen oder mit Kerzen – ein Boot skizziert. An Stelle der Predigt legen die Mitfeiernden Zettel in das Boot, auf denen sie verzeichnen, was ihnen am Glauben kostbar ist. Damit wird deutlich, wie wertvoll die Frohe Botschaft ist, die an Weihnachten für die Menschen offenbar wird.

Wird der Gottesdienst am Beginn der Adventzeit gefeiert, kann das Boot (vielleicht findet sich ja auch ein echtes Ruderboot) während der gesamten Adventzeit in der Kirche aufgestellt bleiben. Mit jedem Tag wird eine weitere Kerze auf der Reling entzündet, das Boot wird zum leuchtenden Hinweis auf die Ankunft Christi.

Martin Lätzel

Tür

TEXTE VOM DONNERSTAG DER ERSTEN ADVENTSWOCHE

Eröffnung GL 107,1–3 (Macht hoch die Tür) *oder* Macht weit die Pforten in der Welt (GL-Diözesananhänge)

Einführung Durch mehrere Türen mussten wir heute schon gehen, um zu dieser Gemeinschaft zu kommen. Die letzte Tür, die wir öffneten in unserer Kirche (unserem Gottesdienstraum), wies uns ganz bewusst auf unser Zusammensein als Christen und mit Christus hin. Im Buch Jesaja, aus dem wir heute die Lesung hören, wird von einer Stadt gesprochen, durch deren Tore „ein gerechtes Volk" einzieht, ein Volk, das dem Herrn die Treue bewahrt. – Kann man das auch von uns sagen?

Dieser Gottesdienst will uns in unserer Beziehung zu Gott stärken und ermutigen, ihm unsere Türen zu öffnen und ihn in unser Leben einzulassen. Grüßen wir Christus in unserer Mitte und bergen wir uns mit diesem Ruf in sein Erbarmen.

Kyrie-Rufe Herr Jesus, du stehst wartend vor den Türen unserer Herzen.
Herr Christus, du bringst Heil und Leben.
Herr Jesus, du wohnst bei uns mit deiner Freundlichkeit.

Tagesgebet Biete auf deine Macht, Herr, unser Gott, und komm.
MB 6 Eile uns zu Hilfe mit göttlicher Kraft, damit durch dein gnädiges Erbarmen bald das Heil kommt, das unsere Sünden noch aufhalten. Darum bitten wir durch Jesus Christus.

Lesung Jes 26,1–6
Antwortpsalm Ps 118; GL 198,2 *(mit Versen aus dem Lektionar im 6. Ton) oder* GL 269,1.3–4 (Nun saget Dank)
Evangelium Mt 7,21.24–27

Impuls für eine Besinnung

Hinter der geschlossenen Tür meines Zimmers, der verschlossenen Tür meiner Wohnung und des Hauses bin ich aufgewacht. Geschlossene Türen geben Sicherheit, die wir gerade bei Dunkelheit und Nacht suchen. Wo allerdings Türen auf Dauer geschlossen sind, da macht sich Einsamkeit breit und stirbt das Leben. Da mag die Wärme der Heizung im Raum bleiben, aber die Wärme menschlicher Begegnung bleibt draußen. Wer auf das Leben, auf menschliche Gemeinschaft stoßen will, kann nicht hinter verschlossenen Türen bleiben. Und so habe ich, neugierig auf den Tag, die eine oder andere Tür heute schon geöffnet, um tastend in den neuen Tag zu gelangen. Wen werde ich treffen, was werde ich erfahren, was mutet mir der Tag heute zu?

Meine guten Erfahrungen aus den vergangenen Tagen, die Einladung lieber Menschen, zu ihnen zu kommen, der Wille, meine Fähigkeiten in diese Welt einzubringen – das alles sind Kraftquellen, die es mir leichter machen, die Türklinken in die Hand zu nehmen und die Türen zu öffnen. Für den Einen oder Anderen mag auch der Glaube, die Beziehung zu Gott, das Wissen, dass er uns in den Menschen und den Dingen der Schöpfung begegnet, eine Hilfe sein, die Türen zur Welt weit aufzumachen. Manchmal kostet das Öffnen von Türen allerdings Mut, weil ich nicht sicher bin, wer oder was mich dahinter erwartet. Schlechte Erfahrungen, anstrengende Erlebnisse verhindern manchmal, dass ich Türen öffne und so Neues erfahre. Manche Menschen sind so voll von diesen unguten Erfahrungen, dass sie sich immer mehr in ihr Schneckenhaus zurückziehen. Dann bleiben Türen für lange Zeit, wenn nicht gar für immer verschlossen. Ob es vielen Menschen mit Gott auch so geht?

Was haben Menschen nicht von Gott alles erhofft und sind enttäuscht worden! Sie haben die Tür des Glaubens zugemacht und mit allerlei Sicherheiten gut verriegelt. Das Adventslied „Macht hoch die Tür, die Tor macht weit" ruft auf, Tür und Tor zu öffnen. Vor den Toren steht Gott selbst.

In den Texten des Advents leuchtet immer wieder auf, wer und vor allem wie dieser Gott ist. Gott verschafft den Menschen eine bleibende Sicherheit *(Lesung)*, auf sein Wort kann man bauen *(Evangelium)*. In seinen Augen behalten die, die klein gemacht und ausgebeutet werden, ihre Würde. Von Hektik und Erwartungen der Menschen Umgetriebene finden bei ihm Ruhe. Von ihm kommt den Menschen und der ganzen Schöpfung zu, was nötig ist zum inneren und äußeren Leben, lebenswichtig für Seele und Leib. Dieser Gott, der solches an und mit uns Menschen bewirkt, steht vor der Tür. Werbend um unser Herz und unser Vertrauen. Die Adventszeit ist nicht erst eine Zeit der Vorbereitung auf Weihnachten, sondern eine Zeit der Ansage, wie die Zukunft, die Gott schenkt, für die Menschen ausschaut. In der Gemeinschaft mit Gott ist uns bleibendes Leben zugesagt.

Neugierig geworden? Dann sollten wir die Tür des Glaubens weit öffnen und darauf achten, dass sie uns von nichts und niemandem wieder zugestoßen wird.

Lied GL 107,4–5

Fürbitten Lasst uns voll Vetrauen zu Gott, unserem Vater, beten und ihn bitten:
- Für unseren Papst und die Bischöfe und alle Frauen und Männer, denen die Verkündigung des Evangeliums in unserer Zeit aufgetragen ist und die dadurch die Tür für Gott in dieser Welt offen halten. Gott, unser Vater:
Wir bitten dich, erhöre uns.
- Für die Frauen und Männer, die politische Verantwortung tragen und mit ihren Entscheidungen die Türen öffnen können zum Leben in Frieden und Gerechtigkeit bei vielen Völkern.

- Für alle, die darunter leiden, dass ihnen die Türen zum Leben verschlossen bleiben, weil sie krank oder einsam sind, ohne Arbeit oder ohne Perspektive für ihre Zukunft.
- Für alle in unserer Gemeinde und für uns selbst, die in den kommenden Wochen sich neu öffnen wollen für Jesus Christus und seine den Menschen Heil und Leben schenkende Macht.
- Für unsere Verstorbenen, die durch die Tür des Todes hindurchgingen in der Hoffnung auf das ewige Leben.

Gott, in deinem Sohn Jesus Christus zeigst du uns deine unverbrüchliche Treue. Er ist die Tür, die uns zu dir bringt. Mit ihm und durch ihn loben und preisen wir dich heute und in alle Ewigkeit.

Lieder GL 105 (O Heiland, reiß die Himmel auf)
GL 119,2 (*mit* Chorbuch zum GL)
Machet die Tore weit (Liederbücher)

Gebet Herr, unser Gott, in unsere geöffneten Herzen hast du deine Liebe im Wort des Lebens hineingelegt. So beschenkt, können wir die Türen zum Leben öffnen. Durch deine Liebe gestärkt, können wir durch die Türen treten, die uns die Menschen aufgetan haben, um ihnen deine Menschenfreundlichkeit aufscheinen zu lassen, die in diese Welt kam durch deinen Sohn Jesus Christus, der in der Einheit des Heiligen Geistes mit dir lebt und wirkt in alle Ewigkeit.

Anregung zur Gestaltung

Wenn der Gottesdienst frühmorgens, wenn es noch dunkel ist, gefeiert wird, könnte die Eingangstür mit zwei Fackeln bewusst ins Licht gerückt werden. Eventuell könnte man auch die Tür zum Gottesdienstraum schmücken (mit Tannengrün; mit Bildern, die etwas erahnen lassen, von dem, was im Gottesdienst gefeiert wird). Wenn man sie zur „Adventspforte" (evangelischer Verheißungsbrauch) gestaltet, kommen an das Grün um den Türrahmen auch noch Verheißungssprüche des Alten und Neuen Testamentes.

Zu Beginn des Gottesdienstes versammelt sich die Gemeinde an der Eingangstür und singt den Eröffnungsruf bzw. das Eröffnungslied. Der Leiter/die Leiterin steht vor der geschlossenen Tür mit der brennenden Kerze in der Hand und zieht, nachdem die Tür von innen geöffnet wurde, durch die Tür hindurch und stellt die Kerze in die Mitte (oder an einen anderen geeigneten Platz).

Ein Element während der Feier: Entweder steht eine große Tür bereit oder es liegt ein Plakat aus, auf das eine Tür gezeichnet wurde. Nach dem Impuls werden die Teilnehmer eingeladen, auf einen farbigen Papierstreifen zu schreiben, was ihnen die Tür zum Glauben an Gott öffnet bzw. geöffnet hat, und dieser wird dann an der Tür befestigt.

Nikolaus Wurzer

Blühende Sträucher
TEXTE VOM DONNERSTAG DER ZWEITEN ADVENTSWOCHE

Eröffnung GL 104,1–2.4–5 (Tauet, Himmel, aus den Höhn) *oder* GL 580 (Ave Maria, gratia plena)

Einführung Wer trockene oder schwache Pflanzen im Garten entdeckt, tut gut daran, Geduld zu bewahren. Die Natur hat ihren eigenen Zeitplan, und oft erblüht durch gute Pflege aus scheinbar Totem neues Leben. Auch wir Menschen kennen Wüstenzeiten, in denen wir uns leer und müde fühlen. Dann müssen wir erst eine Quelle finden, die uns neue Kraft schenkt. Liebevolle Fürsorge und Hilfe durch aufmerksame Mitmenschen können uns schnell wieder aufrichten. Auch Auszeiten, in denen wir in Stille unser Leben überdenken, lassen uns neu aufblühen. Jetzt, im Rorate-Gottesdienst, will uns Jesus Christus, Mittelpunkt und Quelle unseres Lebens, ganz nahe sein. Er ist wie ein Tau in der Wüste, der uns belebt und alle Lasten tragen hilft.

Kyrie-Rufe GL 103 (Tau aus Himmelshöhn) *oder*
Herr Jesus Christus, unser Leben scheint oft sinnlos und leer. Du kannst uns neue Orientierung schenken. Herr, erbarme dich.
Oft sind wir müde und ratlos. Du kannst uns wieder aufrichten. Christus, erbarme dich.
Wüstenzeiten können trocken und steinig sein. Du bist die Quelle, aus der wir neue Kraft schöpfen können. Herr, erbarme dich.

Tagesgebet
MB 14
Rüttle unsere Herzen auf, allmächtiger Gott, damit wir deinem Sohn den Weg bereiten und durch seine Ankunft fähig werden, dir in aufrichtiger Gesinnung zu dienen. Darum bitten wir durch ihn, der in der Einheit des Heiligen Geistes mit dir lebt und herrscht in alle Ewigkeit.

Lesung Jes 41,13–20
Antwortpsalm Jes 35; GL 124,1.2 *oder* Ps 1; GL 708,1.2
Evangelium Mt 11,7b.11–15

Impuls für eine kurze Homilie

Die Schrifttexte der Adventszeit sprechen unsere Sinne stark an. Wir hören von erfrischendem Wasser, üppigem Grün und neuem Leben in Steppe und Wüste, an Orten also, an denen solche Erscheinungen ersehnt werden. Freude und Jubel löst allein die Vorstellung aus, so dass sich neue Hoffnung ausbreiten kann. Obwohl wir in einer anderen Klimazone leben, können wir die Bildsprache dieser Texte auch nachvollziehen, denn sommerliche Temperaturen lassen uns schnell nach Erfrischung suchen. Ebenso warten wir jetzt, im Winter, wenn alles kahl und farblos wirkt, auf das frische Grün des Frühjahrs. Urlaubsprospekte lassen unsere Herzen höher schlagen und allein die Aussicht auf Sonnenschein und Blütenpracht kann Glücksgefühle auslösen. Wie könnte also die große Verheißung der Ankunft des Messias besser verdeutlicht werden?

Auf den ostkirchlichen Ikonen der Geburt Christi ist die felsige Bergwelt mit der Höhle, wo Maria ihr Kind zur Welt gebracht hat, von Blumen und Sträuchern bedeckt. Mit der Ankunft des Gottessohnes hat sich die Prophezeiung erfüllt: „In der Wüste pflanze ich Zedern, Akazien, Ölbäume und Myrten" (Jes 41,19) – „Die Steppe soll jubeln und blühen, bedeckt mit Blumen soll sie üppig blühen" (GL 124,2). Wenn er kommt, weichen Trauer und Verzweiflung. Altes wird neu und Totes erwacht zum Leben.

Allerdings: Wenn Besuch kommt, bereiten wir uns so vor, dass wir ihn nicht verpassen. Gottes Sohn kommt ohne Medienrummel und kehrt nur dort ein, wo Menschen auf Empfang eingestellt sind wie Maria, seine Mutter. Vielleicht müssen wir unsere Antennen noch neu ausrichten.

Fürbitten   Miteinander und füreinander wollen wir zu Gott, unserem Schöpfer, beten:
- Für alle Christen: Dass sie im Glauben tief verwurzelt sind und mit Gottvertrauen Wüstenzeiten durchstehen.
Du Schöpfergott, erhöre uns.
- Für alle, die sich leer und ausgebrannt fühlen: Dass sie eine Quelle finden, die ihnen neue Hoffnung und Lebensmut schenkt.
- Für alle, die anderen helfend zur Seite stehen: Dass sie die nötige Kraft aufbringen und auch selbst beschenkt werden.
- Für alle, die in diesen Tagen besonders viel Arbeit haben: Dass sie Ruhezeiten finden, in denen sie sich auf die Ankunft Jesu vorbereiten können.
- Für alle Kranken: Dass sie ihr Leiden annehmen können und die Nähe Gottes spüren.
- Für alle Trauernden: Dass sie aus der Dunkelheit zum Licht des Lebens zurückfinden.

Du, Gott, bist wie ein Brunnen in der Wüste. Wer auf dich vertraut, wird Leben und Freude finden. Dafür danken wir dir durch Christus, unseren Herrn.

Lieder   GL 106 (Kündet allen in der Not)
GL 113 (Mit Ernst, o Menschenkinder)
GL 105 (O Heiland, reiß die Himmel auf)
GL 594 (Maria, dich lieben)
GL 120,2 (*mit* Chorbuch zum GL)
Alle Knospen springen auf
Mein Gott, welche Freude
All meine Quellen entspringen in dir (Liederbücher)

Gebet   Liebender Gott, aus unterschiedlichen Lebenssituationen sind wir zu dir gekommen. Wir waren müde, traurig, voller Tatendrang, fröhlich oder missgestimmt. Alles, was uns bewegt, durften wir dir anvertrauen und uns auf deine Fürsorge verlassen. Wir danken dir, dass du die Quelle des Lebens für uns bist und uns auch durch Wüstenzeiten begleitest durch Christus, unseren Herrn.

Anregung zur Gestaltung
Ein leicht verständliches Symbol für diesen Gottesdienst sind die so genannten Barbarazweige. Sie werden um den 4. Dezember, dem Gedenktag der heiligen Barbara, geschnitten und an einem warmen Ort ins Wasser gestellt, wo sie bis zum Weihnachtsfest aufblühen. Kirsch- oder andere Obstbaumzweige eignen sich am besten. Schon während des Gottesdienstes sollten sie als „tote" Zweige sichtbar sein. Zum Besinnungstext, eventuell mit meditativer Musik, könnten sie verteilt werden, so dass jeder Teilnehmer einen kahlen Zweig sehen und fühlen kann. Anschließend dürfen die Zweige mit nach Hause genommen werden, um das langsame Aufblühen zu erleben.

Sehr anschaulich ist auch die so genannte „Rose von Jericho" (vgl. S. 196). Sie muss zwar zunächst eingekauft werden, kann aber immer wieder Verwendung finden. Nach kurzer Zeit der Wasseraufnahme beginnt sie sich zu öffnen. Sie benötigt aber einige Stunden, um frisch und lebendig auszusehen. Also entweder mehrere Exemplare in verschiedenen Stadien verwenden oder die Pflanze zur Beobachtung in der Kirche stehen lassen.

Zu Beginn des Gottesdienstes könnte die „vertrocknete" Pflanze deutlich sichtbar ausliegen, um dann nach den Einführungsworten in eine Wasserschale gesetzt zu werden. Wenn man heißes Wasser verwendet, hat sie sich bis zum Ende des Gottesdienstes entfaltet.

Besinnung Vieles, was wie tot wirkt, ruht nur, um zu neuem Leben zu erwachen. Schauen wir uns jetzt, in der Winterzeit, einmal bewusst die Pflanzen an. Wir wissen, dass aus kahlen Zweigen im Frühjahr neues Grün und herrliche Blüten sprießen. Aber könnten wir es glauben, wenn wir es noch nie erlebt hätten? Die „Barbarazweige" sind doch jedes Jahr ein neues Wunder aus Gottes reicher Schöpfung. Dieses Bild kann uns in persönlichen Wüstenzeiten begleiten. In der Ruhe liegt die Kraft, und vielleicht gilt es, unser Leben neu an Maria auszurichten. Hören wir auf das, was Gott uns durch seinen Sohn sagen möchte. Er kommt uns ja in diesen Tagen des Advents schon entgegen und lässt die Wüste in uns neu erblühen, wenn wir, wie die Gottesmutter Maria, offen sind für ihn.

Sabine Bruß

Maria

Die Roratemessen sind ursprünglich Marienmessen im Advent. Maria ist selbst ein adventlicher Mensch, weil sie Gottes Erbarmen an sich gespürt und ihm im wahrsten Sinne des Wortes Raum in sich gegeben hat. So ist sie ein Vorbild für uns und unser Verhalten Gott gegenüber, der auch in uns wachsen will. Ihr schwerer Weg nach Betlehem zeigt uns die Notwendigkeit des immer wieder neuen Aufbruchs, ihr Besuch bei Elisabet kann uns den Blick auf die Anderen öffnen auch in Zeiten, da wir es selbst schwer haben.

Verkündigung
MARIENMESSE IM ADVENT

Eröffnung	Eventuell den Angelus vorher beten – GL 2,7 Siehe, die Jungfrau wird empfangen (S. 199 – V/A, *jeweils einen Ton höher*) *oder* Tauet, Himmel, den Gerechten, 1–2 (GL-Diözesananhänge)
Einführung	Dreimal am Tag wird der „Engel des Herrn", der Angelus, gebetet: um 6 Uhr morgens, mittags um 12 Uhr und abends um 18 Uhr. In ihm wird ausgesprochen, was am Hochfest der Verkündigung des Herrn, am 25. März, neun Monate vor der Geburt Christi, gefeiert und auch in den Roratemessen im Advent betrachtet wird: Ein Engel Gottes verkündet Maria, dass sie es ist, die Gott dazu erwählt hat, seinen Sohn Mensch werden zu lassen. Dieses eigentlich unfassbare Geschehen wird in diesem Angelus immer wieder bedacht, in diesem Gottesdienst wollen wir es auch in uns vertiefen.
Kyrie-Rufe	GL 495,3
Tagesgebet *MMB 11*	Heiliger Gott, dein ewiges Wort hat Fleisch angenommen aus dem Schoß der seligen Jungfrau Maria, wie ihr der Engel verkündet hat. Darum verehren wir sie gläubig als wahre Gottesmutter. Höre auf ihre Fürsprache und schenke allen Völkern das Heil in Jesus Christus, deinen Sohn, unseren Herrn und Gott, der in der Einheit des Heiligen Geistes mit dir lebt und herrscht in Ewigkeit.
Lesung	Jes 7,10–14
Antwortpsalm	Ps 40; GL 725,1.3 (VV. 7–12) *oder* GL 602 (Gegrüßet seist du, Maria)
Halleluja	GL 530,1 *mit* GL 149,6
Evangelium	Lk 1,26–38

Impuls für eine kurze Homilie

Wie oft wurde die Szene, die wir im Evangelium gehört haben, schon ins Bild gefasst: Maria – im Gebet, beim Lesen eines Buches oder bei einer anderen Tätigkeit überrascht, demütig den Kopf senkend oder voller Zweifel, fragend – auf der einen Seite; der Bote Gottes – den Gruß aussprechend und die Botschaft übermittelnd, mächtig und lichtvoll, die Hand ausgestreckt – auf der anderen Seite. Jedes dieser Bilder versucht zu beschreiben, was sich eigentlich nicht beschreiben lässt: den Einbruch des Göttlichen in die Alltäglichkeit unserer Welt. Und jedes Bild festigt vielleicht die Vorstellung jener Szene, wie wir sie aus dem Lukasevangelium kennen, festigt auch die Vorstellung der Einmaligkeit und Einzigartigkeit dieses Geschehens, so als ob es nicht auch uns betreffen könnte.

Auch uns? Wie kann das geschehen, möchte man mit Maria fragen. Können wir von Gott erwählt werden, so wie sie von ihm erwählt wurde, um seinen Sohn Mensch in uns werden zu lassen? Wir tun uns bei diesen Gedanken leichter, wenn wir uns von dem vorhin skizzierten Bild lösen, das unsere Vorstellung einengt. Erwählt, von Gott angenommen, begnadet sind wir schon; noch bevor wir uns zu ihm aufmachen, hat er sich uns schon zugeneigt. Doch geboren werden muss er in uns immer wieder neu. Denn wäre er tausendmal in Betlehem geboren und nicht in uns, so sagt es der Dichter Angelus Silesius, wäre Gott umsonst geboren. Vor dieser Geburt in unseren Herzen aber steht sein Ankommen in uns, steht das, was wir auch am Hochfest der Verkündigung des Herrn – ja eigentlich in jeder Messe, gerade auch in der Adventszeit – feiern: Gott will in uns Wohnung nehmen, wachsen. Wir müssen nur sein Kommen in unsere Alltäglichkeit zulassen.

Es ist also nicht nur das Ja Mariens nach der Verkündigung durch den Engel, sondern auch das Ja vor dem Eintreten des Göttlichen, das Ja, mit dem wir Gott überhaupt erst die Möglichkeit einräumen, dass er in uns Raum greifen kann. Oder wie es der große Theologe Gregor von Nyssa formuliert hat: „Was im Leib der unversehrten Jungfrau Maria geschehen ist, vollzieht sich auch in jeder Seele, die dem Geist nach jungfräulich bleibt: Nicht, dass der Herr wiederum leiblich anwesend ist, doch er kommt, um geistig dort zu wohnen." *(Gregor von Nyssa, Über die Jungfräulichkeit)*

Fürbitten

Lasst uns beten zu Jesus Christus, der aus Maria geboren wurde:
- „Der Engel des Herrn brachte Maria die Botschaft."
  – Sende auch heute immer wieder Boten zu den Menschen, die ihnen mit Hand und Mund deine Freundlichkeit verkünden.
  Christus, höre uns.
- „Und sie empfing vom Heiligen Geist." – Stärke die Christen mit deinem Geist und führe unsere Kirche mit seiner Hilfe auch durch schwere Zeiten.
- „Maria sprach: Siehe ich bin die Magd des Herrn."
  – Gib allen, die ein Amt in der Kirche innehaben, die Demut, dir und den Menschen dienen zu wollen.
- „Mir geschehe nach deinem Wort."– Lass das Evangelium ein Maßstab für das Handeln der politisch Verantwortlichen sein.
- „Und das Wort ist Fleisch geworden." – Schaffe Frieden in dem Land, in dem du Mensch geworden bist, und unter den verfeindeten Völkern und Religionen.
- „Und hat unter uns gewohnt." – Lass uns dich finden und erkennen in unseren Mitmenschen, vor allem den Kranken, Armen und Bedürftigen.

Gott und Vater unseres Herrn Jesus Christus, von dir kommt alles Gute, in dir findet unser Sehnen ein Ziel. Sei uns nahe, heute und alle Tage unseres Lebens.

Lieder   GL 577 (Maria, Mutter unsres Herrn)
          GL 261 (Den Herren will ich loben)
          Groß sein lässt meine Seele (Liederbücher)

Gebet   Großer und unbegreiflicher Gott, dein ewiges Wort, dein Sohn Jesus Christus, ist im Schoß der Jungfrau Maria Mensch geworden. In ihr hast du uns ein Bild der Hingabe an dich geschenkt. Gib uns die Bereitschaft, dir unser Herz zu öffnen; sende uns deinen Heiligen Geist, dass er das Feuer der Liebe zu dir und den Menschen in uns entzünde. Darum bitten wir durch Jesus Christus, der unser Bruder geworden ist und unser Herr.

Besinnung nach der Kommunion

Herr, du hast dich klein gemacht.
Damals im Schoß deiner Mutter Maria.
Heute im Brot der Eucharistie.
Lass uns deinen Weg gehen.
Klein werden.
Von uns absehen.
Brot sein.
Damit wir dich nicht verbannen.
Dich nicht am Wirken hindern.
Dich in uns, durch uns, bei uns
groß werden lassen.

Otto H. Semmet

Anregung zur Gestaltung

Das Bild einer Verkündigung zeigen und eventuell auch austeilen; den „Engel des Herrn" beten (GL 2,7);
Gedicht/Lied: „Wer kann mir sagen, wo Jesus Christus geboren ist" (Liederbücher).

Guido Fuchs

Maria in der Hoffnung
Marienmesse im Advent

Eröffnung	GL 105,1–2.4 (O Heiland, reiß die Himmel auf) *oder* O komm, o komm Emmanuel (GL-Diözesananhänge)
Einführung	Advent – Zeit der Erwartung. Die dunkelste Zeit im Jahr ist für viele Menschen nur schwer zu ertragen. Wir haben Kerzen angezündet, um in der Dunkelheit Hoffnungslichter zu setzen und unserer Sehnsucht Ausdruck zu verleihen. Wie ein Lichtblick auf unserem adventlichen Weg ist für uns Maria. Unzählige Szenen aus ihrem Leben gibt es in Kunst und Volksfrömmigkeit. Eine Darstellung ist allerdings selten zu finden: „Maria in der Hoffnung". Es ist das Bild der schwangeren Maria, die Jesus unter ihrem Herzen trägt. Sie durfte im lange erwarteten Messias die Erfüllung ihrer Hoffnung erleben. Was tragen wir im Herzen? Worauf hoffen wir? Ist unser Glaube so lebendig, dass wir noch leidenschaftlich um diese Hoffnung und die Erfüllung unserer Sehnsucht beten können? Werden wir einen Moment still und sammeln uns vor Gott mit unserem ganzen Sein, mit unserer Unruhe und unserer Sehnsucht.
Kyrie-Rufe *nach* GL 495	Herr Jesus, du Licht in der Dunkelheit <u>uns</u>res Lebens. Herr Christus, du kommst, um in unserer Mi<u>tte</u> zu wohnen. Herr Jesus, du schenkst uns Hoff<u>nung</u> und Zukunft.
Tagesgebet *MMB 235*	Herr, unser Gott, du hast deiner Kirche die selige Jungfrau Maria als leuchtendes Zeichen sicherer Hoffnung geschenkt. Lass alle, die, bedrückt von der Last des Lebens, zu ihr fliehen, Trost finden und die Herzen zu dir erheben. Darum bitten wir durch Jesus Christus.

Maria in der Hoffnung. Gnadenbild in der Wallfahrtskirche Bogenberg bei Straubing

Lesung	Zef 3,14–17
Halleluja	GL 530,8 *mit* GL 598
Evangelium	Lk 1,39–45

Impuls für eine Homilie

Die Prognosen für uns Deutsche sehen schlecht aus: Wir entwickeln uns immer mehr zu einer überalterten Gesellschaft. Unsere Lebenserwartung wird immer höher, die Geburtenrate nimmt ab, sei es aus ideellen oder finanziellen Gründen. Wie treffend ist doch vor diesem Besorgnis erregenden Hintergrund ein leider kaum noch gebrauchter Ausdruck für eine schwangere Frau: „Sie ist guter Hoffnung". Wenn wir auf unseren Straßen schwangere Frauen eher selten sehen – kann sich da nicht Hoffnungslosigkeit breit machen?

„Maria in der Hoffnung" steht als Wort und Bild über unserem Gottesdienst. Hoffen heißt von seiner Wortbedeutung her: sich etwas Gutes für die Zukunft wünschen. Maria hat ein Kind empfangen in einer Zeit, die politisch durch die römische Besatzung unsicher war, und in Lebensumständen, die nicht minder schwierig waren. Noch nicht einmal verheiratet und dann schon schwanger? Wie sollte ihr jemand das Wunder glauben, das sie in sich trug? Wie sollte ihr jemand glauben, dass sich gerade in ihr die uralte Verheißung Gottes erfüllt? Und trotzdem: Sie hat ihr Ja gesprochen zu allem, was mit diesem Kind auf sie zugekommen ist, im Vertrauen auf unseren überraschenden Gott, der mit ihr auf dem Weg ist. Sie hat wie jede werdende Mutter das Leben in sich gespürt. Sie hat diesem Neuen in sich Raum gegeben, Raum zum Wachsen, Raum zur Entfaltung. Sie findet sogar die Kraft, Elisabet zu helfen, die selbst „guter Hoffnung" ist. Mit Jesus unter ihrem Herzen hat sich ihr Leben radikal verändert.

Das, was Maria so einschneidend und zukunftsträchtig erfährt, ist auch die Erfahrung des alten Israel, dem in schwieriger Zeit prophetisch zugesichert wird: „Fürchte dich nicht, Zion, lass die Hände nicht sinken. Der Herr, dein Gott, ist in deiner Mitte" (Zef 3,16f.). Kann uns diese Zusage nicht gerade auch heute in den gesellschaftlich Besorgnis erregenden Veränderungen und im Wirrwarr politisch-wirtschaftlicher Machtspiele grenzenlose Hoffnung schenken? Auch wir tragen den lebendigen Gott in uns, allen Schwierigkeiten zum Trotz, die wir zu bestehen haben. Glauben wir, dass dieser Gott uns Zukunft schenkt? „Maria in der Hoffnung" ist die Garantin für uns, dass Gott zu seinem Wort steht.

Fürbitten Jesus Christus ist in die Dunkelheit unserer Welt gekommen und hat uns neues Leben eröffnet. Auf die Fürbitte seiner Mutter Maria kommen wir voll Vertrauen mit unseren Anliegen zu ihm und bitten:
- Für Menschen, deren Lebensplan zerbrochen ist und die keinen Ausweg mehr sehen: Herr, schenke du ihnen Hoffnung.
  Christus, höre uns.
- Für Menschen, die mit schwerer Schuld beladen sind und verzweifeln: Schenke du ihnen Hoffnung.
- Für Frauen, die unerwartet schwanger werden und nicht wissen, wie es weitergehen soll: Schenke du ihnen Hoffnung.
- Für Schwerkranke, denen Menschen nicht mehr helfen können: Schenke du ihnen Hoffnung.
- Für Trauernde, die durch den Tod eines nahestehenden Menschen ihr Leben neu gestalten müssen: Schenke du ihnen Hoffnung.

Guter Gott, mit Maria danken wir dir für das Leben, das du uns immer wieder neu ermöglichst. Wir loben und preisen dich in hellen und in dunklen Tagen, heute und immer.

Lieder GL 261 (Den Herren will ich loben)
Groß sein lässt meine Seele den Herrn
Meine Hoffnung und meine Freude (Liederbücher)

Besinnung nach der Kommunion
Maria hat dich, mein Herr, zu Elisabet getragen. Nicht sichtbar und dennoch spürbar wurden Elisabet und das Kind in ihrem Schoß von deiner Gegenwart beglückt. Auch ich trage dich in mir. Bald werde ich Menschen begegnen. Auch sie können dich nicht sehen. Ob sie dann spüren, dass du bei mir bist? Ob ich ihnen so begegne, dass sie etwas von deiner Gegenwart merken? – Herr, hilf mir, hilf mir gerade in diesen Tagen, dein Bote zu sein. *Otto H. Semmet*

Gebet Guter und treuer Gott, wir haben unser Herz in deiner Gegenwart still werden lassen und dein Wort an uns aufgenommen. Sei du jeden Tag neu für uns der Gott, der in unserer Mitte ist, und lass uns aus dieser Hoffnung leben und wirken. Darum bitten wir durch Jesus Christus, der unser Bruder geworden ist und unser Herr.

Segen Der „Emmanuel", der „Gott-mit-uns", begleite unsere Wege. Er lasse unseren Glauben wachsen. Er stärke unsere Hoffnung und erfülle uns mit seiner Liebe. So segne uns der Vater, und der Sohn und der Heilige Geist.

Anregung zur Gestaltung als Frühschicht
Wenn möglich, sitzen die Teilnehmer im Kreis. Die Mitte ist gestaltet mit einem Tuch, einer Vase mit Zweigen, einem Korb Teelichte und einer Figur (oder einem Bild) der „Maria in der Hoffnung".

Nach einer kurzen Begrüßung und Einführung wird die Marienfigur – in Anlehnung an den alten christlichen Brauch des Frauentragens – im Kreis herumgereicht. Wir begrüßen Maria in unserer Mitte und nehmen sie bei uns auf. Wir öffnen uns durch ihr Bild für das Geheimnis der Menschwerdung Gottes, der auch in uns selber Mensch werden will. In Stille lässt sich jeder ganz persönlich von Maria ansprechen. Währenddessen kann von einer CD der „Hymnos Akathistos" gespielt werden.

Bei den Fürbitten sind alle eingeladen, sich ein Teelicht aus dem Korb zu nehmen, es an der Kerze in der Mitte zu entzünden, zur Marienfigur zu stellen und still für sich oder mit Worten einen Hoffnungswunsch für die Zukunft zu formulieren.

Brigitte Schwarz

*Mariä Heimsuchung. Städtisches Museum
Reutlingen, Holzskulptur 14. Jahrhundert*

Maria auf dem Weg nach Betlehem
TEXTE VOM FREITAG DER ZWEITEN ADVENTSWOCHE

Eröffnung	GL 117,1 (Tauet, ihr Himmel, von oben – *mit* Chorbuch zum GL *oder* S. 179)
Einführung	Von einem Boten des Himmels erfuhr Maria, dass sie nach Gottes Willen Mutter des Auserwählten, des Messias, werden sollte, durch den das Heil in die Welt kommt. Sie wusste nicht, wie sie sich das vorstellen sollte – und antwortete dennoch mit Ja. Damals in Nazaret hat sie sich auf einen völlig neuen Weg eingelassen, dessen Ziel sie nicht ahnte. Maria hat sich dem Wirken des Heiligen Geistes geöffnet, damit der Sohn Gottes seinen Weg in die Welt nehmen konnte.
	Schwangerschaft ist für jede Frau der Beginn eines Weges, ein Aufbruch ins Unbekannte – auch für Maria. In dieser (Morgen-)Stunde im Advent wollen wir Maria ein Stück auf ihrem Weg nach Betlehem begleiten.
Kyrie-Rufe *mit* GL 451	Herr Jesus, dein Kommen verändert die Welt. Du bist der Weg, die Wahrheit und das Leben. Du eröffnest denen, die glauben, Zukunft mit dir.
Tagesgebet	Allmächtiger Gott, gib, dass wir die Ankunft deines Sohnes mit großer Wachsamkeit erwarten und unserem Erlöser und Heiland Jesus Christus mit brennenden Lampen entgegengehen. Darum bitten wir durch ihn, der in der Einheit des Heiligen Geistes mit dir lebt und herrscht in alle Ewigkeit.
Lesung	Jes 48,17–19
Antwortpsalm	Ps 1; GL 708,1.2
Halleluja	GL 530,1 *mit* GL 118,5
Evangelium	Mt 11,16–19

Impuls für eine kurze Homilie

„Ich bin der Herr, der dich führt auf den Weg, den du gehen sollst", heißt es im Buch Jesaja, aus dem die heutige Lesung genommen ist (Jes 48,17). Das Volk Israel hat immer wieder daran gezweifelt, dass Gott ein verlässlicher Partner ist; groß war die Verlockung, eigene Wege zu gehen, und Israel ist dieser Versuchung häufig erlegen. Aber – Gott führt sein Volk zum Heil, das ist die Frohe Botschaft, die sich wie ein Leitmotiv durch die Schriften des Alten und Neuen Bundes zieht.

Maria ist den Weg gegangen, den Gott ihr bestimmt hatte. Sie hat ihm vertraut, obwohl sie die Tragweite der himmlischen Verheißung nicht ermessen konnte: „Du wirst einen Sohn empfangen, der wird groß sein und Sohn des Höchsten genannt werden. Gott, der Herr, wird ihm den Thron seines Vaters David geben."

Welche Gedanken mögen Maria auf ihrem Weg nach Betlehem bewegt haben? Sie stand kurz vor der Niederkunft. Es war etwas Besonderes um ihre Schwangerschaft. Jede Frau, die ein Kind erwartet, wird zwischen Hoffnung und Sorge hin- und hergerissen; das wird bei Maria nicht anders gewesen sein. Bei ihr kam noch hinzu, dass sie von Gott berührt worden war. Nur das wusste sie. Was sich daraus ergeben, welches Leben ihr Sohn führen, welchen Tod er erleiden würde – das alles lag noch im Dunkeln. Die Welt ahnte nichts von dem Außerordentlichen, das Maria in sich trug. Sicher hat sie sich oft allein gefühlt. Josef, mit dem sie verlobt war, stand zu ihr – doch auch für ihn war die Situation nicht einfach.

Dennoch – Maria und Josef haben sich auf den Weg gemacht wie einst Abraham und Sara in noch hohem Alter. Das ist Glauben: Aufbruch ins Ungewisse, ohne Sicherheiten, nur auf Gottes Wort hin und in der Zuversicht, dass er, der Schöpfer des Lebens, ein Freund der Menschen ist und diesen Weg mitgeht.

In dem Glauben, der auch Maria erfüllte, wollen wir nun den alten adventlichen Hymnus aus dem 4. Jahrhundert singen: „Komm, du Heiland aller Welt, Sohn der Jungfrau, mach' dich kund. Darob staune, was da lebt: Also will Gott werden Mensch."

Lied GL 108 (Komm, du Heiland aller Welt)

Fürbitten Dem Gott des Lebens vertrauen wir unsere Sorgen und Anliegen an und bitten ihn besonders für alle Menschen auf dem Weg:
- Die ihren Weg suchen und noch nicht gefunden haben. – *Stille*
- Die sich verirrt haben oder in Gefahr sind, ihr Ziel aus den Augen zu verlieren. – *Stille*
- Die Angst haben vor dem Morgen. – *Stille*
- Die allein sind, ohne Reisegefährten. – *Stille*
- Die heimatlos und auf der Flucht sind und deren Leben bedroht ist. – *Stille*
- Die Kindern, Kranken und alten Menschen Wegbegleiter sein wollen. – *Stille*
- Die ein Kinde bekommen. – *Stille*

Für sie und uns alle bitten wir dich:
Geh mit uns auf unserm Weg. *(Liederbücher)* –
Wir bitten dich auf die Fürsprache Mariens, die ihr Leben lang viele beschwerliche Wege auf sich nehmen musste: Hilf uns und allen, für die wir gebetet haben, durch Christus, unseren Heiland und Herrn.

Lieder GL 577 (Maria, Mutter unsres Herrn)
GL 114 (Es kommt ein Schiff geladen)

Gebet Guter Gott, du schenkst uns dein Wort, Jesus Christus, der mit uns geht auf den Wegen unseres Lebens. Du hast uns heute in dieser Feier gestärkt und ermutigt, damit wir unser Leben in die Hand nehmen können, und hast uns Maria, die Mutter Jesu, als Freundin, als Helferin, als Schwester zur Seite gestellt. Dafür danken wir dir durch Jesus Christus, unseren Bruder und Herrn.

Gebet zu Maria

Maria, Mutter Jesu und Schwester im Glauben,
wir bitten dich:
Breite deinen Mantel aus über uns, die wir zu dieser (frühen) Stunde zusammengekommen sind,
über unsere Familien und unsere Gemeinde,
über die Kirche Jesu Christi überall auf der Welt,
über die ganze Christenheit,
über alle, die in der Kirche arbeiten, in Verkündigung und Caritas, oder die sich auf einen kirchlichen Dienst vorbereiten,
über alle Menschen, die in Ländern, wo Christen verfolgt werden, für ihren Glauben einstehen,
über die Regierenden, die Krieg und Frieden verantworten,
über die Opfer von Gewalt, Machtgier und Habsucht,
über die verwaisten und heimatlosen Kinder,
über Menschen, die hungern nach Brot und Reis, aber auch nach Gerechtigkeit und einem menschenwürdigen Leben,
über alle Frauen, die ein Kind erwarten,
über die Frauen, die durch eine Schwangerschaft in tiefe Konflikte gestürzt werden,
über Frauen und Männer, die sich sehnlichst Kinder wünschen und akzeptieren müssen, dass ihr Lebenstraum unerfüllt bleiben wird,
über die Obdachlosen und Flüchtlinge, die Gefangenen und Vermissten,
über die Menschen, die als Fremde unter uns leben,
über die Kranken, die alten Menschen, die Einsamen und Sterbenden,
über die Suchenden und Verzweifelten,
über die Gleichgültigen und alle, die dem Leben nicht mehr trauen,
über die ganze Welt.
Patronin voller Güte, uns allezeit behüte.

Petra Gaidetzka

Lieder

Lieder sind mehr als eine äußere Zugabe zu einem stimmungsvollen Gottesdienst. Sie gehören als Lobpreis Gottes wesentlich zur Liturgie hinzu und machen oft genug auch eine wichtige theologische Aussage. Von daher lohnt es sich, sie zur Grundlage einer Homilie oder Besinnung zu machen. Die Zeit und die Umstände ihrer Entstehung können dabei auch unterschiedliche Aspekte der Adventszeit (Bitte um das Kommen des Herrn; Maria auf dem Weg zu Elisabet; die Erfahrung des jetzigen Lebens als Not) deutlich machen.

Maria durch ein Dornwald ging
Marienmesse im Advent

Eröffnung	GL 120,4 (Rorate coeli – *mit* Chorbuch zum GL *oder* S. 180)
Einführung	„Nach einigen Tagen machte Maria sich auf den Weg und eilte in eine Stadt im Bergland von Judäa." So beginnt Lukas seine Erzählung vom Besuch Marias bei der ebenfalls schwangeren Elisabet. Gehen wir in diesem adventlichen Gottesdienst diesen Weg zusammen mit Maria und lassen wir uns dabei führen von dem alten Adventslied „Maria durch ein Dornwald ging."
	Es ist um 1600 im Eichsfeld, dem katholischen Teil Thüringens, entstanden und gehört wegen seiner ergreifenden Melodie zu den wohl beliebtesten Adventsliedern. In schlichten Worten singen wir da vom Weg Marias, ja unserem Weg, durch diese dornenreiche, verwundete Welt, und ebenso vom Wunder ihrer Verwandlung. Lassen wir uns dabei selbst vom Wort des Lebens ansprechen. Dazu bereiten wir uns in einem Moment der Stille.
Kyrie-Rufe	GL 495,3
Tagesgebet *MB 711*	Allmächiger, ewiger Gott, vom Heiligen Geist geführt, eilte Maria, die deinen Sohn in ihrem Schoß trug, zu ihrer Verwandten Elisabet. Hilf auch uns, den Eingebungen deines Geistes zu folgen, damit wir vereint mit Maria deine Größe preisen. Darum bitten wir durch Jesus Christus.

Lesung	Ex 3,1–8a.13–15
Antwortpsalm	Ps 27; GL 729,1.2 (VV. 1–4.13–14.16–17)
Halleluja	GL 532,3 *mit* GL 601,1
Evangelium	Lk 1,39–45

Impuls für eine Homilie
Lied   Maria durch ein Dornwald ging, 1. Strophe

Sich einen Weg durch einen Wald mit Dornengestrüpp zu bahnen, ist kein Spaziergang. Dornen sind Hindernisse, sie versperren den Weg, reißen Wunden. Sie sind Symbol für alles Unfruchtbare, Abgestorbene. – Maria trägt in ihrem Leib das zarte Wunder des neuen Lebens durch den Dornwald: Schärfer lässt sich der Kontrast kaum darstellen. Sieben Jahre lang tot, ohne Leben. Die Sieben als Symbolzahl steht für eine lange Zeit, eine Zeit ohne Lebenskraft, ohne Lebenssaft. Was Gott gut geschaffen hat, missbraucht der Mensch. Es sind nicht nur die so genannten Umweltsünden, die die Erde zum Dornwald werden lassen. Jedes Nein zu Gott, jede Lieblosigkeit gebiert Dornen und Disteln, lässt die Welt verwildern. Aus dieser Not rufen wir „Herr, erbarme dich" – Kyrie eleison.

Gott lässt den Menschen, der sich im dornigen Gestrüpp zu verfangen droht, nicht allein. Er ist da. Mit brennender Liebe will er ihn befreien. Dem Mose erscheint Gott im brennenden Dornbusch. Er zeigt so seine Gegenwart inmitten der dornigen Welt mit der Zusicherung: „Ich bin der Ich-bin-da". Maria trägt Christus in diese Welt der Mühsal und Plage hinein.

Lied   Maria durch ein Dornwald ging, 2. Strophe

Das kleine Kind unter dem Herzen Marias ist der Retter der Welt, das Leben selber. Maria trägt ihn inmitten des Dornenwalds. Und da geschieht das Unerwartete, das Wunder. „Da haben die Dornen Rosen getragen." Neues Leben blüht auf!

Dieses Wunder der Verwandlung kann der erleben, der den Mut hat, sich den Dornen auszusetzen, sich verwundbar zu machen. Der Weg der Gewaltlosigkeit etwa, den mutige Christen immer wieder gegangen sind, ist ein Weg, der so eine verwandelnde Kraft hat. *(Weitere Beispiele können folgen.)*

Jesus wird später auch erfahren, dass seine Botschaft vom Leben selbst so verletzbar ist, dass sie unter die Dornen fallen kann, die sie ersticken (vgl. Mt 13,7). Schließlich verfängt er sich selbst in seiner Liebe zu den sündenbeladenen Menschen so sehr in die Dornen hinein, dass ihm am Ende eine Dornenkrone aufs Haupt gedrückt wird. So werden die Dornen zum Sinnbild einer wehrlosen Liebe, die bis in den Tod hinein reicht. Der Tod aber behält nicht das letzte Wort. Die Stacheln des Todes haben durch die Auferstehung Jesu ihren Schrecken verloren. „Tod, wo ist dein Stachel?" wird Paulus fragen (1Kor 15,55).

Die Ankunft des Erlösers in unserer Welt und sein Ostersieg haben diese ein für allemal verwandelt: Der Dornwald trägt nun Rosen.

Lied — Maria durch ein Dornwald ging, 3. Strophe

Fürbitten — Zu Jesus Christus, der die Welt durch seine Ankunft verwandelt hat, beten wir:
- Für alle, deren Lebensweg dornenreich verläuft, die innerlich tief verletzt oder durch Gewalt oder Enttäuschung gebrochen sind. – *Stille*
  Kyrie eleison.
- Für die Menschen, die durch Stacheldraht voneinander getrennt sind in Lagern und Gefängnissen, und für jene, die Barrieren und Hindernisse aufbauen. – *Stille*
- Für alle, deren Gedanken so eingezäunt sind, dass sie die Not ihrer Mitmenschen nicht mehr erkennen. – *Stille*
- Für jene, deren Blick sich nur auf die Dornen in ihrem Leben richtet und die so die Rosen nicht mehr entdecken können. – *Stille*
- Für die Sterbenden, die keine Hoffnung darauf haben, dass der Tod durch Jesus Christus seinen Stachel verloren hat. – *Stille*

Inmitten der Not unserer Welt schenkst du uns Hoffnung und neues Leben. Dafür danken wir dir und loben und preisen dich, heute und alle Tage unseres Lebens.

Lieder GL 109 (Aus hartem Weh die Menschheit klagt)
GL 106 (Kündet allen in der Not)

Gebet Herr, unser Gott, unsere Welt und unser Leben ist nicht auf Rosen gebettet. Unser Lebensweg gleicht oftmals einem Weg über Gebirge und durch Dornengestrüpp. Er führt immer wieder durch unwegsames Gelände. Wir stoßen uns an Gefühlen, an Menschen, an dornigen Erfahrungen und möchten am liebsten andere Wege gehen. Maria trägt deinen Sohn mitten in den Dornwald unseres Lebens hinein. So bricht neues Leben auf. Wir bitten dich: Gib uns Kraft und Mut, uns den Dornen auszusetzen, damit wir die verwandelnde Kraft deiner Liebe erfahren können. Darum bitten wir dich durch deinen Sohn Jesus Christus, dessen Ankunft uns Heil und Leben bringt, heute und alle Tage unseres Lebens.

Anregung zur Gestaltung

Beginn mit Luzernarium: Nach der Eröffnung können die Kerzen am Adventskranz angezündet werden, wobei das Licht vom Ewigen Licht oder von bereits brennenden Altarkerzen genommen wird. Nach dem Entzünden folgt das Gebet.

Gebet Gütiger Gott, du bist uns in dieser abendlichen (morgendlichen) Stunde nahe. Lass deine Herrlichkeit in unseren Herzen aufstrahlen und nimm den Todesschatten der Sünde von uns, damit wir bei der Ankunft deines Sohnes als Kinder des Lichtes offenbar werden und dich schauen dürfen von Angesicht zu Angesicht. Darum bitten wir durch ihn, Christus, unseren Herrn.

Symbol: Dornenzweige
Im Eröffnungsteil des Gottesdienstes oder vor/nach der Lesung vom brennenden Dornbusch kahle Dornenzweige (Rosen, Feuerdorn o. a.) gut sichtbar auf ein Tuch legen, gegebenenfalls auch jedem Anwesenden einen Dornenzweig in die Hand geben. Dazu Impulse langsam und mit Pausen vortragen (wechselnde Personen):

- Dornen sind Hindernisse.
- Dorngestrüpp versperrt den Weg.
- Dornen können verletzen und reißen Wunden.
- Mit Dornen kann man foltern und quälen (Dornenkrone!).
- ...

(Leiter/in) Der brennende Dornbusch ist aber auch Ort der Gottesoffenbarung, Offenbarung der Liebe, die brennt und doch nicht verbrennt. Gott offenbart sich als der, der aus unendlicher Liebe alles Leid mit uns trägt, für den es keinen Platz gibt, der ihm zu schlecht oder zu dornenreich wäre (Krippe).

Am Schluss dieser kurzen Meditation wird eine Rose zu den Dornenzweigen gelegt.

Bernhard Stürber

Maria durch ein Dornwald ging

1. Maria durch ein' Dornwald ging. – Kyrieleison!
Maria durch ein' Dornwald ging,
Der hatte in sieben Jahrn kein Laub getragen!
Jesus und Maria.

2. Was trug Maria unter ihrem Herzen? – Kyrieleison!
Ein kleines Kindlein ohne Schmerzen,
Das trug Maria unter ihrem Herzen!
Jesus und Maria.

3. Da hab'n die Dornen Rosen getragen. – Kyrieleison!
Als das Kindlein durch den Wald getragen,
Da haben die Dornen Rosen getragen!
Jesus und Maria.

4. Wie soll dem Kind sein Name sein? – Kyrieleison!
Der Name, der soll Christus sein,
Das war von Anfang der Name sein!
Jesus und Maria.

5. Wer soll dem Kind sein Täufer sein? – Kyrieleison!
Das soll der Sankt Johannes sein,
Der soll dem Kind sein Täufer sein!
Jesus und Maria.

6. Was kriegt das Kind zum Patengeld? – Kyrieleison!
Den Himmel und die ganze Welt,
Das kriegt das Kind zum Patengeld!
Jesus und Maria.

7. Wer hat erlöst die Welt allein? – Kyrieleison!
Das hat getan das Christkindlein,
Das hat erlöst die Welt allein!
Jesus und Maria.

Aus Thüringen – 16. Jahrhundert

Komm, du Heiland aller Welt
TEXTE VOM DIENSTAG DER ERSTEN ADVENTSWOCHE
ODER 7. DEZEMBER (AMBROSIUS)

Eröffnung GL 120,4 (Rorate caeli) – *mit Versen im 9. Ton*:
Du Hirte Israels höre, *
der du Josef weidest wie eine Herde!
 Der du auf den Kerubim thronst, erscheine! *
 Biete deine gewaltige Macht auf und komm uns zu Hilfe!

Einführung Mit der lateinischen Dichtung über die gerade gesungenen Psalmverse beginnt ein Weihnachtslied des Ambrosius von Mailand aus dem 4. Jahrhundert: „Intende, qui regis Israel". Die erste Strophe dieses Liedes ist bald weggefallen, so begann der Hymnus dann mit seiner zweite Strophe und den Worten: „Veni redemptor gentium", „Komm, du Heiland der Völker." Erst durch die Betonung des Rufes „komm" wurde dieses Weihnachtslied zum Adventslied. Gerade die weggefallene erste Strophe aber enthält viermal den dringenden Ruf an Gott, uns in den Wirren dieser Welt zu hören, sichtbar in dieser Welt zu erscheinen und mit seiner Kraft Gerechtigkeit und Frieden auf unserer Erde zu begründen. Diesem Ruf nach dem Kommen des Herrn schließen wir uns an.

Kyrie-Rufe GL 103 (Tau aus Himmelshöhn)

Tagesgebet Herr und Gott, in unserer Bedrängnis rufen wir zu
MB 4 dir, erhöre die Bitten deines Volkes. Bewahre uns vor aller Ansteckung des Bösen und tröste uns durch die Ankunft deines Sohnes, unseres Herrn Jesus Christus, der in der Einheit des Heiligen Geistes mit dir lebt und herrscht in alle Ewigkeit.

Lesung Jes 11,1–10
Antwortpsalm Ps 72; GL 152,1.2
Evangelium Lk 10,21–24

Impuls für eine kurze Homilie

Eines der ältesten Lieder der Kirche steht im Mittelpunkt unseres Adventsgottesdienstes. Sein Text stammt von Bischof Ambrosius, der im 4. Jahrhundert in Mailand lebte. Die Melodie lässt sich bis ins 10. Jahrhundert zurückverfolgen. Leider hat dieses Lied eine sehr wechselvolle Geschichte. Schon als lateinischer Hymnus verlor es sehr früh die erste Strophe und begann dann mit dem Ruf: „Veni redemptor gentium". So hatte es zusammen mit der Schlussstrophe, die die Dreifaltigkeit preist, acht Strophen.

Um dieses Lied mit all seinen Strophen zu verstehen, muss man um den großen Theologenstreit des 4. und 5. Jahrhunderts nach Christus wissen. Der aus Libyen stammende Priester Arius lehrte damals, Jesus sei nicht Gottes Sohn, nicht gottgleich und auch nicht ewig, sondern er nehme eine Zwischenstellung zwischen Gott und der Welt ein. Als „Logos" sei er das vornehmste Geschöpf Gottes. Vor allem die germanischen Stämme haben damals das Christentum in der Form des Arianismus angenommen.

Während der Auseinandersetzung mit dieser Lehre entstand im 4. Jahrhundert das Weihnachtsfest, und eben auch dieser Hymnus. Er ist zunächst ein Bekenntnislied, das den Glauben an die wahre Gottheit und Menschheit Jesu bekennt und in einigen Strophen an das Große Glaubensbekenntnis erinnert:

Für uns Menschen und zu unserem Heil / ist er vom Himmel gekommen.

Gott von Gott, Licht vom Licht, / gezeugt, nicht geschaffen, eines Wesens mit dem Vater. / Er hat Fleisch angenommen durch den Heiligen Geist von der Jungfrau Maria / und ist Mensch geworden.

Das gleichzeitig entstehende Weihnachtsfest verdrängte das römisch-heidnische Fest des „sol invictus", des unbesiegbaren Sonnengottes. Eine Strophe des Liedes nimmt dieses Motiv der Feier der Wintersonnwende auf: „Wie die Sonne sich erhebt, so erschien er in der Welt."

Das Bekenntnislied war in Mailand zunächst ein Weihnachtslied, da es eine Adventszeit in unserem Sinn noch gar nicht gab. Durch den Wegfall der ersten Strophe verschob sich die Bedeutung auf die Zeile: „Komm, Erlöser der Völker", und so wurde es im Laufe der Zeit zum Adventslied (nur in Mailand wird es noch immer als Weihnachtslied gesungen). Nach einigen Übersetzungen schuf Martin Luther die Fassung: „Nun komm, der Heiden Heiland", die noch heute im Evangelischen Gesangbuch zu finden ist. Für das Gotteslob wurde 1971 eine neue, besser verständliche Übersetzung geschaffen.

Dieses Lied enthält für uns drei wichtige adventliche Gedanken: Zuerst unseren dringenden Ruf um die Hilfe Gottes. Viermal – wenn man die ursprüngliche erste Strophe mit einbezieht – wird Gott in der dringenden Befehlsform angerufen: Höre – erscheine – biete auf – komm! Sodann den Glauben daran, dass Gott in seinem Sohn wirklich selbst zu uns kommt, und uns nicht nur einen Vermittler schickt. Nein, er lässt sich selbst herab, Gott selbst wird Mensch: Der da geboren wird, ist „wesenhaft ganz Gott und Mensch". Und schließlich enthält es als drittes den Hinweis darauf, dass das neue Licht, der Glanz dieser Sonne, von der Krippe aufstrahlt, dass das neue Licht aus der Dunkelheit der Nacht kommt. In unserem heutigen Advent, der schon seit Ende November vom Glanz des Weihnachtsfestes geprägt ist, sollten wir wieder das Paradox in den Blick bekommen: Gerade der wird zum Licht der Welt, der aus der Dunkelheit und aus der Armut kommt, der nicht machtvoll, sondern in Ohnmacht in diese Welt eintritt.

„Darob staune, was da lebt: Also will Gott werden Mensch."

Lied GL 108 (Komm, du Heiland aller Welt) *oder*

1. Komm, du Heiland aller Welt;
Sohn der Jungfrau, mach dich kund.
Darob staune, was da lebt:
Also will Gott werden Mensch.

2. Nicht nach eines Menschen Sinn,
sondern durch des Geistes Hauch
kommt das Wort in unser Fleisch
und erblüht aus Mutterschoß.

3. Es erwählt der Jungfrau Leib;
ob er schon verschlossen war,
nahm der Herr doch Wohnung drin.
Gott in seinem Tempel weilt.

4. Wie die Sonne sich erhebt
und den Weg als Held durcheilt,
so erschien er in der Welt,
wesenhaft ganz Gott und Mensch.

5. Von dem Vater kam er her,
und zum Vater kehrt' er heim;
er stieg nieder bis zur Höll
und fuhr auf zu Gottes Thron.

6. In die menschliche Natur
legt sein göttlich Wesen er,
gibt ihr teil an seinem Sieg
und schenkt neu ihr seine Kraft.

7. Glanz strahlt von der Krippe auf,
neues Licht entströmt der Nacht.
Nun obsiegt kein Dunkel mehr,
und der Glaube trägt das Licht.

8. Gott dem Vater Ehr und Preis
und dem Sohne Jesus Christ;
Lob sei Gott dem Heilgen Geist
jetzt und ewig. Amen.

M: GL 108 (Komm, du Heiland aller Welt)
Ü: Markus Jenny 1971 © TVZ Theologischer Verlag Zürich AG

Fürbitten   Gott hat seinen Sohn als Licht für die Menschen in die Welt gesandt. Zu ihm beten wir:
- Für alle Prediger, Lehrer und Katecheten, die den Glauben an Jesus als wahren Gott und Menschen verkünden und bezeugen.
Gott, unser Vater:
Wir bitten dich, erhöre uns.
- Wir beten um den Heiligen Geist für alle in der Kirche, die den Glauben durch die Jahrhunderte weitergeben.
- Wir beten für alle Menschen, für die unsere Welt zu dunkel ist und die deshalb nicht mehr an Christus als das Licht dieser Welt glauben können.
- Wir beten für alle, die glauben, sie müssten der Macht Gottes durch Terror oder Gewalt zum Sieg verhelfen.
- Wir beten für unseren eigenen Glauben, der immer wieder angefochten ist, weil wir so wenig vom Glanz und Licht Gottes wahrnehmen.
- Wir beten für unsere Verstorbenen, die im Glauben an den Sieg Jesu heimgekehrt sind zu dir, unserem Vater im Himmel.

Mit den Psalmen rufen wir: Du Gott Israels, höre uns und erhöre unsere Bitten. Biete deine Macht auf und komm uns zu Hilfe durch Christus, unseren Herrn.

Einladung zum Vaterunser

Jesus Christus ist als Bote Gottes zu uns gekommen; er hat uns gelehrt, Gott unseren Vater zu nennen. Deshalb wagen wir zu beten:
Vater unser …

Lieder   GL 114,1–4 (Es kommt ein Schiff geladen)
GL 617 (Nahe wollt der Herr uns sein)
GL 554 (Wie schön leuchtet der Morgenstern)
Ps 19; GL 713,2 (*mit KV GL 117,4 – einen Halbton tiefer*)

Gebet   Gott, durch das Wort deiner Propheten lehrst du uns, du willst uns führen wie ein guter Hirt seine Herde, du willst in unserer Mitte wohnen. Wir glauben, in deiner Sorge sind wir immer geborgen. Dennoch ist unser Glaube schwach. Hilf uns, in der Kraft deines Wortes unsere Schwäche zu überwinden, auf dich unsere ganze Hoffnung zu setzen und dir in Treue zu dienen. Darum bitten wir durch Christus, unseren Herrn.

Anregung zur Gestaltung einer Frühschicht
- Mit einer Schola den lateinischen Hymnus singen (Text: Liturgia Horarum I,255; Melodie siehe unten).
- Wenn ein Organist zur Verfügung steht, das Choralvorspiel „Nun komm, der Heiden Heiland" (BWV 599 – Orgelbüchlein) in den Mittelpunkt stellen. Dabei der besondere Hinweis darauf, wie Bach in diesem Choralvorspiel mit der ständigen Wiederholung des Motivs „Nun komm" die Eindringlichkeit der Adventsbitte unterstreicht.
- Die Kantate „Nun komm der Heiden Heiland" (BWV 62) gemeinsam hören. Sie übernimmt Vers 1 und 5 wörtlich, die Strophen 2–4 werden in ihr frei nachgedichtet.   *Günther Nörthemann*

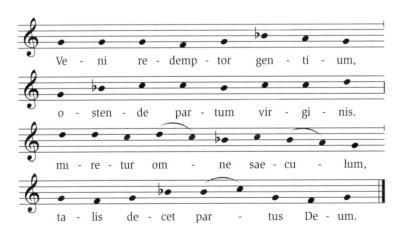

M: nach Samuel Scheidt, Tabulatura nova
Ü: Günther Nörthemann

O Heiland, reiß die Himmel auf
TEXTE VOM FREITAG DER DRITTEN ADVENTSWOCHE

Eröffnung GL 105,1–3 (O Heiland, reiß die Himmel auf)

Einführung Der frühere Präsident der Vereinigten Staaten, Ronald Reagan, machte Schlagzeilen, als er bei einem Staatsbesuch in Deutschland an der Berliner Mauer eine Rede hielt und das denkwürdige Wort ausrief: „Mr. Gorbatschov, reißen Sie diese Mauer nieder!" Wenige Jahre später wurde Wirklichkeit, was damals kaum einer zu träumen wagte: Die Mauer fiel, und Menschen, die Jahrzehnte voneinander getrennt waren, fanden wieder zusammen …

Mit ähnlichem Nachdruck fordert und bittet der Dichter unseres Eröffnungsliedes, Friedrich Spee, dass Gott den Himmel aufreißen, dass er selbst kommen möge, damit sich Himmel und Erde wieder vereinen. Das, was kaum einer zu träumen wagt, ist schon geschehen im ersten Advent, im Kommen des Gottessohnes Jesus Christus. Seinen endgültigen Advent, sein Wiederkommen in Herrlichkeit, erwarten wir noch immer. Mit den Christen aller Zeiten rufen wir:

Kyrie-Rufe GL 415 *oder*
Herr Jesus, Sohn Gottes, Heiland der Welt, erbarme dich unser und komm!
Herr Christus, Kind der Jungfrau Maria, erbarme dich unser und komm!
Herr Jesus, Bruder der Menschen, erbarme dich unser und komm!

Tagesgebet Allmächtiger Gott, deine Gnade komme unserem
MB 23 Bemühen zuvor und begleite unser Tun, damit wir Hilfe erlangen für unser Leben und mit großer Sehnsucht die Ankunft deines Sohnes erwarten, der in der Einheit des Heiligen Geistes mit dir lebt und herrscht in alle Ewigkeit.

Lesung Jes 56,1–3a.6–8
Antwortpsalm Ps 67; GL 732,1.2
Halleluja GL 531,1 *mit* GL 118,4
Evangelium Joh 5,11,33–36

Impuls für eine kurze Homilie

Der Jesuitenpater Friedrich Spee, der Dichter des Liedes „O Heiland, reiß die Himmel auf", war um 1630 in Paderborn Beichtvater der als „Hexen" beschuldigten Frauen und Mädchen; er hat sie in der Haft besucht und dabei erschütternde Erlebnisse gehabt. In seiner anonym verfassten Schrift „Cautio criminalis" die bald nach ihrem Erscheinen im Jahr 1631 Furore machte und weit verbreitet war, prangert er den Wahn an, dem unzählige Frauen und auch Männer zum Opfer fielen. Doch auch in seinem „Güldenen Tugendbuch" gibt er später auf wenigen Seiten zusammengedrängt eine Schilderung der Leiden gefangen gehaltener „Hexen":

Wie man ihre Unschuld nicht glauben will und sie um jeden Preis schuldig sein *müssen*. Wie man mit unmenschlich grausamen Martern sie immer von neuem foltert, bis sie endlich sterben oder Verbrechen gestehen, an die sie selbst im Traum niemals gedacht hätten. Wie man sie als unbußfertige, verstockte Sünder noch qualvoller hinrichtet, weil der Teufel sie stärke und ihnen die Zunge festhalte, wenn sie nicht bekennen und doch die Folter überleben. Wie unwissende Beichtväter, die nur auf ein Schuldbekenntnis dringen, sie innerlich sogar noch ärger peinigen als selbst Folterknechte es können. Wie niemand ist, der ihnen Trost bringen darf, und sie sich aus Verzweiflung umbringen oder dem Satan verschrieben. – Wenn er, Friedrich Spee, sie damit befreien könne, dann wollte er selbst gern alsbald niederknien und sich den Kopf abhauen lassen, versichert er, und schließt:

„O du allermildester Herr Jesus, wie kannst du es erleiden, dass deine Kreaturen so gepeinigt werden? Ich bitte dich durch das rosenfarbene Blut, so aus deinem zarten Leib für uns arme Sünder geflossen ist: Komme doch zu Hilfe allen Unschuldigen, Bedrängten, dass sie nicht verzweifeln – und erleuchte die Obrigkeit, dass die Gerechtigkeit nicht in eine Grausamkeit und Gottlosigkeit verkehrt werde.

Ich wollte auch, es wäre also gelegen und beschaffen, dass ich zu allen Kerkern herum gehen möchte und die armen verhafteten Leute besuchen. O mein Gott, wie wollte ich es so gern tun, wie wollte ich sie alle so herzlich trösten und wie wollte ich ihnen einen Mut zusprechen und ihnen alle mögliche Liebe um Christi, meines Herrn, willen erzeigen? Ich weiß, sie würden ihre Hände zusammenlegen und Gott, unseren Vater, loben, der im Himmel ist."

Friedrich Spee hat das Lied „O Heiland, reiß die Himmel auf" einige Jahre vor seiner Zeit als Beichtvater der Hexen geschrieben. Doch vielleicht muss man die grauenvollen Zeitumstände, unter denen er lebte und wirkte – Krieg, Hexenverfolgungen, Pest – kennen und berücksichtigen, wenn man es betrachtet und singt. Denn nur vordergründig ist es eine Umdichtung der bekannten Adventsverse. Dahinter verbirgt sich der Aufschrei einer zutiefst erschütterten Seele, die Einblick gewonnen hat in die Abgründe menschlicher Trostlosigkeit, Not und Finsternis. Hinter der glatten Fassade unserer schönen neuen Welt, hinter Kitsch und Gemütlichkeit des Advents tun sich auch heute noch diese Abgründe von Verzweiflung, Todesqual und Elend auf.

Singen wir und beten wir für diese Menschen alle, dass sich ihnen der Tröster zeige, die Sonne, das Licht Jesus Christus – auch in den Menschen, die mit ihnen gehen und leiden wie Friedrich Spee:

Fürbitten *gleich anschließen*
- Wir wollen beten für alle Menschen, die unschuldig im Gefängnis sitzen, die verschleppt wurden, für Menschen, die psychisch in sich selbst gefangen sind und alle, deren Körper zum Gefängnis ihres Geistes wurde.

Liedstrophe	GL 105,1 (O Heiland, reiß die Himmel auf)

- Wir wollen beten für Menschen, die schwere Verluste erlitten haben, die ihre Heimat aufgeben mussten oder einen geliebten Menschen verloren haben, die ungetröstet weinen und niemanden haben, dem sie sich zuwenden können.

Liedstrophe GL 105,4 (Wo bleibst du, Trost der ganzen Welt)
- Wir wollen beten für Menschen, die kein Licht mehr sehen, deren Krankheiten sich immer nur verschlimmern, die keine Perspektive mehr haben in ihrem Beruf oder deren Leben zerbrochen ist.

Liedstrophe GL 105,5 (O klare Sonn, du schöner Stern)
- Wir wollen beten für alle Menschen, die nicht glauben können an das ewige Leben bei Gott, die ohne Hoffnung sind, die keine religiöse Heimat haben, die sie trägt und birgt, die fatalistisch nur im Hier und Jetzt leben.

Liedstrophe GL 105,6 (Hier leiden wir die größte Not)
Herr, komme bald, und gib uns den Mut und die Kraft, deinen Trost zu denen zu tragen, die ihn nötiger haben als wir. Darum bitten wir dich, Jesus Christus, unseren Bruder und Herrn.

Lieder O komm, o komm Immanuel (GL-Diözesananhänge)
GL 472 (O Jesu, all mein Leben bist du)
GL 555 (Morgenstern der finstern Nacht)

Gebet Herr Jesus Christus, wie kannst du es erdulden, dass auch heute noch Menschen unmenschlich leiden, gequält werden, in tiefstem inneren Elend und äußerer Not sind? Komme ihnen doch zu Hilfe, reiße nieder die Mauer, die uns von dem Heil trennt, das von dir kommt, dem Heiland der Welt. Stärke und segne alle, die wie du all denen nachgehen, die Trost und Zuspruch brauchen, und gib uns die Kraft, uns gegen alle Gottlosigkeit und Grausamkeit zu stemmen, die Menschen einander antun. Lass uns um deines Namens willen einander jene Liebe erweisen, die du uns geschenkt hast, damit die Menschen dich erkennen und deinen Vater, der im Himmel ist.

Besinnung Der Schriftsteller Heinrich Böll hat einmal über den Dichter Friedrich Spee geschrieben: Er hat nie billigen Trost gespendet, er war auch nie trostlos, aber er war immer untröstlich. –

Trost-los
Un-tröst-lich
Nur ein schwacher Trost
Nicht ganz bei Trost

Harte Worte
Schwerwiegende Hintergründe vielleicht
Große Schicksalsschläge

Tröst-lich
Wenn dann doch
Jemand Zeit hat
Zuhört
Behutsame Worte findet
und den Schmerz des anderen ernst nimmt

Tröst-lich
Die Worte Jesu:
Sogar
Selig die Trauernden
Denn sie werden getröstet werden
Markus Krell

Anregung zur Gestaltung
Das Lied „O Heiland, reiß die Himmel auf" in der dreistimmigen, polyrhythmischen Fassung von Hugo Distler singen, deren Reibungen "die Not und Qual gut zum Ausdruck bringen.
Guido Fuchs

MATERIALIEN

Rorate caeli – Musikalische Gestaltung

Ihren Namen hat die Roratemesse vom Eingangsvers (Introitus) „Rorate caeli" – „Tauet, Himmel" aus Jes 45,8. Bei Rorate-Gottesdiensten sollte dieser Vers bzw. das dahinterstehende Bild in irgendeiner Weise begegnen. Hierfür gibt es verschiedene Möglichkeiten:

- *GL 120,3 mit Chorbuch zum GL* (Ihr Himmel, tauet den Gerechten)
- *GL 120,4 mit Chorbuch zum GL* (Rorate caeli de super). Die Melodie des lateinischen Kehrverses und seiner deutschen Übertragung ist vielleicht noch bekannt, weil sie sehr verbreitet war. Es handelt sich dabei um einen vor allem in Frankreich üblichen außerliturgischen Adventsgesang, der zu vier Strophen mit Texten aus dem Propheten Jesaja zusammengestellt wurde. Diese Strophen, die sich im „Chorbuch für einstimmigen Gesang zum GL" finden (vgl. auch S. 180), entfalten den Bußcharakter dieses Kehrverses. Von daher legt es sich durchaus nahe, diesen Gesang nach einer stillen Eröffnung der Messfeier zum Bußakt zu verwenden
- *GL 117,1 mit Chorbuch zum GL.* Hier wird nach Versen aus Ps 85 weniger der Bußcharakter als vielmehr die Erwartung des Erlösers zum Ausdruck gebracht. Von daher ist der Gesang auch Eröffnung geeignet.
- Die beiden Verse GL 117,1 und GL 120,3 lassen sich auch als Kehrvers zum Antwortpsalm verwenden (besonders in Zusammenhang mit dem adventlichen Ps 85) oder auch als Vers des Hallelujarufes (in Verbindung mit GL 530,1 oder GL 531,6).
- *GL 104 (Tauet, Himmel, aus den Höhn).* Eine nicht einfache Melodie, die sich aber ganz dem Bild aus der ersten Strophe anpasst, als Eingangslied geeignet. Die Strophen 3 bis 5 finden eine Fortsetzung ab dem 17. Dezember in den Hallelujarufen, die nach den O-Antiphonen gestaltet sind.
- *GL 105,2 (O Gott, ein Tau vom Himmel gieß).* Als bekanntes Adventslied eignet es sich Eröffnung, wobei man des Verses Jes 45,8 wegen auch mit der zweiten Strophe beginnen kann.
- *GL 103 (Tau aus Himmelshöhn).* Als Kyrielitanei im Bußakt zu verwenden. Hier empfiehlt sich ebenfalls ein stiller Beginn.

- Die meisten *Diözesananhänge* enthalten das Lied „*Tauet, Himmel, den Gerechten*", das ebenfalls als Eröffnungslied angebracht ist.
- Auch in manchen neueren Liedern findet sich das Bild und die Bitte um den Tau von oben, z. B. Maranatha (2. Strophe); Wie ein Fest nach langer Trauer (2. Strophe). Möglicher Ort: Gabenbereitung oder Friedensgruß.

Wo regelmäßig Rorate-Gottesdienste gefeiert werden, kann man ja eine Abwechslung vornehmen. Doch vorkommen sollte das Bild schon an der einen oder anderen Stelle, hat doch die ganze Feier den Namen davon.

Aus: Graduale triplex, 403; ©*1998, S. A. La Froidfontaine, Abbaye Saint-Pierre de Solesmes, F-72300 Solesmes*

Übertragung

Tauet, ihr Himmel – Chorstrophen zu GL 117,1 (A)

Kehrvers: Tauet, ihr Himmel von oben,
ihr Wolken regnet herab den Gerechten.
Tu dich auf, o Erde, und sprosse den Heiland hervor.

Verse Ps 85, 13+12; Jes 55, 10–11; Jes 32, 15–17

1. Der Herr spendet seinen Segen, und unsre Erde bringt ihre Frucht. Treue sproßt aus der Erde, vom Himmel steigt Gerechtigkeit herab. KEHRVERS

2. Der Regen fällt vom Himmel und läßt die Erde keimen und sprossen; und sie bringt den Hungernden Brot. So ist es mit Gottes Wort: es vollbringt, was es will, es führt aus, wozu es gesandt ist. KEHRVERS

3. Über uns ist ausgegossen der Geist von oben. Die Steppe wird zum fruchtbaren Garten, Friede ist das Werk der Gerechtigkeit und Sicherheit die Frucht des Rechtes. KEHRVERS

M: Josef Seuffert © beim Autor
aus: Chorbuch für einstimmigen Gesang zum Gotteslob, 16f.

Tauet, ihr Himmel – Chorstrophen zu GL 117,1 (B)

Verse Lk 1, 30–31. 35. 28b + 42b

M: Josef Seuffert ℗ beim Autor
aus: Chorbuch für einstimmigen Gesang zum Gotteslob, 17f.

Ihr Himmel, tauet – Chorstrophen zu GL 120,3

3. Herr, sieh die Not deines Volkes und sende, den du senden willst: Sende das Lamm von deinem heiligen Thron, daß es die Erde beherrsche und zerbreche das Joch unsrer Knechtschaft. KEHRVERS

4. Volk Gottes, tröste dich, ich komme bald, dich zu befreien. Warum verzehrst du dich in Trauer? Warum erneuerst du die Tränen? Ich rette dich, fürchte dich nicht. Denn ich bin der Herr, der Gott seines Volkes, dein Erlöser. KEHRVERS

M: Gesangbuch Mainz 1952 nach Rorate caeli;
VV: © Christophorus-Verlag, Freiburg
aus: Chorbuch für einstimmigen Gesang zum Gotteslob, 48f.

KEHRVERS

Roráte caeli désuper, et nubes pluant justum.

M: Frankreich, Anfang des 17. Jh.

Maranatha – Herr, komm doch wieder

T und M: aus der DDR

Dein Wort ist wie ein Regen

T: Alois Albrecht
M: Ludger Edelkötter
©KiMu Kinder Musik Verlag GmbH
42555 Velbert

Wie der Tau in der Frühe

Eigentlich ist es merkwürdig: Nie wird der Tau so ausdauernd besungen wie gerade in den winterlichen Rorate-Gottesdiensten. Wir alle kennen den Tau, wissen, wie er sich anfühlt – aber vom Sommer her, wenn auf den morgendlichen Wiesen Milliarden kleiner Tropfen glitzern und die bloßen Füße benetzen. Und doch passt der Tau, gerade weil er so zart, so vergänglich ist, in diese winterlichen Gottesdienste, denn er bringt das so gut ins Bild, um was es in dieser Morgenfrühe geht.

Reichlicher Segen
Tau: In Palästina bringen die westlichen Winde von See her nach Sonnenuntergang eine so beträchtliche Feuchtigkeit mit sich, dass es nachts, vor allem im Frühjahr und im Frühherbst, zu reichlichem Taufall kommt. Immer wieder wird dies auch in den biblischen Büchern beschrieben: Als Gideon, einer der Richter Israels, am frühen Morgen die Wolle (Vlies) auspresst, auf der allein sich wunderbarerweise der Tau gesammelt hatte, konnte er eine Schale voll Wasser daraus gewinnen (Ri 6,36–40). Friedrich Spee fasste später den Reichtum an Tau in das Wort „O Gott, ein Tau vom Himmel *gieß.*" Solch eine Menge an Tau kann die Samenkörner, die in der Erde verborgen sind, zum Aufkeimen und Blühen bringen. Auch das Gras, das über Tag niedergedrückt wurde, richtet sich unter dem Tau am Morgen wieder auf und wird wie neu.

Paradiesische Zustände
Der Tau ist besonders im trockenen Sommer sehr wichtig; er wird als Segen empfunden und so auch gewünscht: „Gott gebe dir Tau des Himmels, vom Fett der Erde, viel Korn und Most" (Gen 27,28). Nach der Befreiuung aus Ägypten hat sich in der neuen Heimat dieser Segenswunsch für Israel erfüllt: „So siedelte Israel sich sicher an, die Quelle Jakobs für sich allein, in einem Land voller Korn und Wein, dessen Himmel Tau träufeln lässt" (Dtn 33,28). Wie Milch und Honig wird auch der Tau zum Bild für paradiesische Zustände – etwa für ein gutes Miteinander der Menschen: Wenn Brüder in Eintracht beisammen wohnen, ist dies „wie Tau des Hermon, der niederfällt auf den Sionsberg" (Ps 133,3).

Letztlich schenkt Gott selbst den Tau (Mich 5,6), und so wird auch die Treue und Liebe Gottes, unter der Israel aufleben kann, mit dem Tau verglichen: „Ich werde für Israel da sein wie der Tau, damit es aufblüht wie eine Lilie und Wurzeln schlägt wie der Libanon" (Hos 14,6). Ja, um Gottes Gerechtigkeit wird gebetet wie um den Segen des Himmels: „Taut, ihr Himmel von oben, ihr Wolken, lasst Gerechtigkeit regnen" (Jes 45,8).

Sinnbild der Menschwerdung
Das Entstehen des Taus geschieht im Stillen, im Verborgenen; er ist am Morgen einfach da, kommt scheinbar unaufhaltsam aus dem Nichts – so kann er sogar zum Bild werden für einen heimlichen Überfall (2Sam 17,22). Doch er ist vergänglich, der Tag bedeutet sein Ende, die Sonne lässt ihn vergehen. Der Tau ist ein Kind der Nacht – geheimnisvoll entsteht er, kein Mensch ist Zeuge seines Werdens. So wird er zum Sinnbild für die Menschwerdung Gottes selbst, für die Geburt Christi in der Mitte der Nacht: „Ich habe dich gezeugt noch vor dem Morgenstern, wie den Tau in der Frühe" (Ps 110,3). Auf ihn lassen sich auch die Worte des Jesaja beziehen, der über den Gottesknecht sagte, dass er nicht lärme und nicht Gewalt anwende (Jes 42,2; Mt12,19f.). Im Kommen geheinmnisvoll, äußerlich unscheinbar und doch voller Segen: Jesus Christus ist wie der Tau in der Frühe.

Maria als Bild der von Gott betauten Erde

Der Eröffnungsvers „Rorate caeli" bittet nicht nur um das Kommen des Herrn, er enthält auch eine Aussage über Maria, die oft übersehen wird, wenn man den Ruf auf seine erste Hälfte reduziert. Denn in der zweiten Häfte dieses Verses wendet sich der Blick der Erde zu, die den Heiland hervorsprossen möge:

„Tauet, ihr Himmel, von oben, ihr Wolken regnet herab den Gerechten. Tu dich auf, o Erde, und sprosse den Heiland hervor." (GL 117,1)

Der Schoß Mariens als der Schoß der Erde – auch der adventliche Psalm 85 mit seinem Vers 12 (Wahrheit ist aus der Erde hervorgegangen – „veritas de terra orta est") mag zu dieser Vorstellung beigetragen haben. Vor allem in der Tradition der Ostkirche ist dies ein häufiges und geläufiges Bild, das mit der Geburtshöhle der konstantinischen Geburtskirche in Betlehem zusammenhängt. Nach der Theologie der Väter wird Maria als Repräsentantin der Erde gesehen. Sie ist der Typus der reinen Schöpfung, die ihren eigenen Schöpfer und Erlöser hervorbringt. Dies findet in vielen byzantinischen Hymnen seinen Ausdruck, vor allem an Weihnachten, und hat seine Entsprechung in der Darstellung der Gottesmutter auf der Weihnachtsikone, wo sie geradezu als Teil des Berges, der Schöpfung, erscheint:

„Öffne dich, du Garten Eden, schmücke dich ..., denn der Lebensbaum entspross in der Höhle aus der Jungfrau. Ihr Leib nämlich erschien als das geistige Paradies, darinnen die göttliche Frucht, von der wir essen und leben, und nicht wie Adam sterben: Christus wird geboren, um das gefallene Bild wieder aufzurichten."

In vielen byzantinischen Hymnen
So werden die Dichter der byzantinischen Hymnen nicht müde, in immer neuen Bildern Maria als Inbegriff der Schöpfung zu zeichnen. Sie ist der unbestellte Acker, der die Ähre, die Traube hervorbringt, von der wir leben. Sie selbst ist nach den Worten des Jesaja (Jes 11,1) der Zweig, aus der die Blume Jesus hervorsprosst – ein Bild, das auch uns aus Liedern geläufig ist (GL 132; 579). Sie ist aber auch – und hier kommt die erste Hälfte des Rorate-Verses zum

Tragen – das betaute Vlies Gideons (Ri 6,36ff.) und die Wolke, aus der uns der Tau Jesus herabströmt. Diese Bilder und Prophetien können in einer kurzen Homilie auch erschlossen werden.

Der russische Theologe und Religionsphilosoph Sergej N. Bulgakov hat in ähnlichen Bildern die Erde besungen, wie sie auch in den byzantinischen Hymnen begegnen; sie zeigen, wie sehr hier Analogien existieren: „Mutter Erde, aus dir wurde jenes Fleisch geboren, welches zum Mutterleib für den fleischgewordenen Gott wurde, dir hat Er seinen heiligen Leib entnommen, in dir hat Er drei Tage lang im Grabe geruht. Mutter Erde, aus dir wachsen die Getreidepflanze und die Weinrebe, deren Frucht im heiligen Sakrament zu Christi Leib und Blut wird, und zu dir kehrt dieses heilige Fleisch zurück. Schweigend bewahrst du in dir die ganze Fülle und Wohlgestalt der Kreatur." *(vgl. dazu: Gerhard Voss, Dich als Mutter zeige. Maria in der Feier des Kirchenjahres, Freiburg i. Br. 1991, 44–49)*

„Tu dich auf, o Erde": Um diese marianische Aussage in den Rorate-Gottesdiensten zum Ausdruck zu bringen, um die Bedeutung Mariens im Advent Jesu aufzuzeigen, könnte man den Rorate-Vers wiederholt singen und dazwischen (ruhig vorgetragen) Hymnentexte der byzantinischen Liturgie sprechen (S. 188).

Wie Tau auf das Vlies

Kehrvers: Tauet, ihr Himmel, von oben, ihr Wolken regnet herab den Gerechten. Tu dich auf, o Erde, und sprosse den Heiland hervor. (GL 117,1)

Lausche den Wundern, Himmel, vernimm es, du Erde, dass eine Tochter des Erdners, des gefallenen Adam, Gott, ihres Schöpfers, Mutter geworden, dass Rettung uns ward und neue Gestalt.

Du wardst Himmel auf Erden des Bildners von Himmel und Erde. Flehe zu ihm, dass er uns bewahre vor den Übeln der Erde und uns würdige, Gottes Mutter, teilhaft zu werden der Güter des Himmels.

Es jubeln, da sie dich schauen, die Mächte des Himmels, es jauchzen mit ihnen der Sterblichen Heere. Denn in deinem Kinde, Jungfrau, Gottesgebärerin, sind sie geeint. Ihm sagen geziemend wir Preis.

Kehrvers

Als lichtschimmernde Wolke des lebendigen Wassers, die auf uns Verzweifelte ausschüttet Christus, den Regen der Unsterblichkeit, Erlauchte, erkennen wir dich.

Wir besingen in Hymnen dein großes und schauerliches Geheimnis. Denn verborgen selbst den überweltlichen Chören, ist der, der da ist, herabgestiegen zu dir wie Tau auf das Vlies, dass Rettung uns werde und neue Gestalt.

Der göttliche Tau, der hervorkommt aus dir, betaut die in der Glut der Sünde Geschwächten, über allen Tadel Erhabene. Drum flehen wir zu dir: Unsre geschwächten Seelen betaue.

Kehrvers

Du der Jungfräulichkeit Acker, gezeigt wardst du der Welt, stets Jungfräuliche, als unbeackertes Land, aus dem unsagbar geboren wurde als Ackerer der Bildner unser aller.

Du bist das Land, das hervorgebracht hat die göttliche Ähre. Meine ausgedorrte und in Hunger nach Göttlichem zerschmelzende Seele verachte nicht, nein, mit deines Sohnes göttlichen Gnaden sie nähre.

Als unbestellter Acker ließest du sprossen die lebensbringende Traube, die Leben darreicht der Welt. Gottesgebärerin, rette, die Hymnen dir singen.

Kehrvers

Dich nannte Jesaia den Zweig, aus dem aufsprosst die schöne Blume: Christus, Gott, zur Rettung derer, die in Glaube und Liebe unter deinen Schutz sich begeben.

Als Reis, o Jungfrau, bist du Jesses Wurzel entsprossen, Allseligste, ließest denen aufblühen die rettende Frucht, die gläubig zu deinem Sohne schreien: Gott unserer Väter, gepriesen bist du.

Ruhmreicher Zweig, du ließest den Baum des Lebens, den Herrn, uns sprossen. Reinige meine elende Seele, die verderbenbringende Gedanken hervorbringt, durch das Kreuz deines Sohnes.

Kehrvers

Freude dir, du Braut Gottes, den Arzt der Menschen hast du empfangen. Du mystischer Zweig, der hervorblühen lässt die unverwelkliche Blume. Freude dir, Herrin, durch die erfüllt wir werden mit Freude, durch die wir erben das Leben.

Aus dir ist geträufelt der Tau, der die Glut der Götzendiener auslöschte. Drum rufen wir zu dir: Freude dir, betautes Vlies, das Gideon, Jungfrau, voraussah.

Dich besingen wir in Hymnen, rufend: Freude dir, des geistigen Elias Gefährt, wahre Rebe, die du hervorbringst die reife Traube, den sprudelnden Wein, der die Seelen derer, die gläubig sind, mit Freude erfüllt.

Aus byzantinischen Hymnen zur Gottesmutter

Kehrvers

Tu dich auf, Gefäß der Gnade

T: aus dem nächtlichen Stundengebet des 1. Adventssonntag
M: Heinrich Rohr 1947

Jungfrau und Mutter schaue

2. Ezechielis Pforte, die nie ward aufgetan,
durch die der König hehre ward aus- und eingelan.

3. So wie die Sonne scheinet durch ungebrochen Glas,
also gebar die Reine Christ, die Magd und Mutter was.

T: Walther von der Vogelweide   M/S: Hans Kulla,1947

Einschübe zwischen den Strophen gesprochen

Ein Busch, der brannte,
an dem doch nie etwas
versengt noch verbrannt ward.
Grün und ganz blieb sein Glanz
von Feuers Flammen unversehrt.
Das war die reine Magd allein,
die jungfräulich Kindes
Mutter worden ist
ganz ohne eines Mannes Wissen,
und die wider menschliche Vernunft
den wahren Christus gebar,
der unser dachte.
Wohl ihr, die ihn trug,
der unsern Tod zu Tode schlug.

Magd unberührt,
der Wolle Gideons gleichst du,
die Gott begoss
mit seinem Himmelstau.
Ein Wort ob allen Worten
erschloss deiner Ohren Pforte,
dessen Süße aller Orten
dich süß gemacht hat,
süße Himmelsfrau.

*Walther von der Vogelweide,
Marienleich*

Der Himmel ist in dir

Wenn wir das Bild Marias als Repräsentantin der Erde, die sich auftut und ihren Schöpfer und Erlöser hervorbringt (vgl. S. 186), auf uns selbst beziehen, so können wir sagen: Christus-Gott ist nicht jemand, der wie ein „Deus ex machina" von außen oder oben kommt. Gott wird letztlich aus unserer Mitte geboren, aus uns Menschen selbst.

Angelus Silesius hat dies in sein wohl bekanntestes Wort gefasst, das immer wieder gerade an Weihnachten zitiert wird: „Wär Christus tausend Mal in Betlehem geboren – und nicht in dir, du bliebst noch ewiglich verloren."

In seinem „Cherubinischen Wandersmann" hat er dieses noch in ein anderes Bild gefasst, das den getrieben und suchenden Menschen heute noch immer trifft und betrifft: „Halt an! Wo laufst du hin? Der Himmel ist in Dir. Suchst Du Gott anderswo, du fehlst ihn für und für."

Halt an! Wo laufst du hin? – Kanon

T: Angelus Silesius M: Jo Werner © beim Komponisten

Blumenschmuck und Raumgestaltung

Kranz und Wurzel
Der Advent hat feste Traditionen in Bezug auf den Kirchenschmuck. *Adventskranz oder –gesteck* gehören einfach dazu. Sie verdeutlichen uns mit dem zunehmenden Licht der vier Kerzen an den Adventssonntagen, dass wir der Geburt Christi, die die Welt erleuchtet, näher kommen. Auch der Kranz lässt sich auf Christus und sein Kommen hin deuten. Die grünen Zweige stehen für die Hoffnung und das ewige Leben, so wie die Form des Kranzes uns an den „Kranz des Lebens" erinnert, den der Herr demjenigen verheißt, der treu ist bis in den Tod. Ein hängender Kranz kann mit langen Schleifenbändern als optischer Verbindung nach unten geschmückt werden. Die Drähte, die zum Aufhängen dienen, werden mit dem gleichen Band überzogen und somit gleichzeitig verdeckt.

Eine *Baumwurzel* hat ihre eigene Ausstrahlung, die nicht durch zuviel Beiwerk verdeckt werden sollte. „Aus dem Baumstumpf Isais wächst ein Reis hervor, ein junger Trieb aus seinen Wurzeln bringt Frucht" (Jes 11,1). Aus scheinbar Totem wächst neues Leben. Das sollten wir darstellen, und darum darf die Wurzel auch so bleiben, wie sie ihrer Natur nach aussieht. Eine ausgesuchte Stelle kann mit wenigen aufstrebenden grünen Zweigen, zum Beispiel Tanne, Kiefer, Stechpalme ausgearbeitet werden. Ansonsten dienen Moos, Beeren, Pilze und ähnliche Naturmaterialien als dezentes Beiwerk. Der Untergrund lässt sich gut mit Laub bedecken, in das einige Efeupflanzen gesetzt werden, die an der Wurzel emporranken können.

Beispielhaft sind damit zwei einfache Möglichkeiten des Adventschmucks aufgezeigt. Der Phantasie sind keine Grenzen gesetzt. Entscheidend bleibt neben Materialbeschaffung, Kreativität und Zeiteinsatz der Charakter der Kirchenjahreszeit. Es ist empfehlenswert, in Abständen zwischen Adventskranz, -gesteck oder –wurzel zu wechseln, womit sich gleichzeitig die Anordnung im Kirchenraum ändern kann. Spezielle Beleuchtung rückt unsere Kunstwerke zusätzlich ins rechte Licht.

Blühedes Land
Unter diesem Aspekt bietet sich im Advent weiterer wohl überlegter Blumenschmuck an und zwar im Hinblick auf Rorategottesdienste. Da diese frühmorgens oder abends oft nur bei Kerzen-

schein gefeiert werden, ergibt sich eine meditative Atmosphäre, die unsere Sinne öffnet. Unterstützend kann dezenter Blumenschmuck ebenfalls zu innerer Ruhe beitragen und gleichzeitig die Bildsprache der adventlichen Schrifttexte veranschaulichen. Rorate hat etwas zu tun mit freudiger Erwartung, mit der Hoffnung auf Rettung und Heil gemäß den Verheißungen des Propheten Jesaja: „Die Wüste und das trockene Land sollen sich freuen, die Steppe soll jubeln und blühen. Sie soll prächtig blühen wie eine Lilie, jubeln soll sie, jubeln und jauchzen. Man wird die Herrlichkeit des Herrn sehen, die Pracht unseres Gottes." (Jes 35,1–2)

Um dies zu verdeutlichen, bildet ein ausgewählter Platz, der in der spärlich beleuchteten Kirche gut einsehbar ist, die passende Grundlage für ein adventliches Blumenarrangement. Wenige Blüten, zum Beispiel die im Schrifttext erwähnten Lilien oder Rosen, die als Sinnbild für die Gottesmutter Maria stehen, können zusammen mit immergrünen Zweigen angeordnet und eventuell sogar speziell beleuchtet werden. Ebenso eignen sich Amaryllisblüten oder andere ausdrucksstarke Schnittblumen, die durch wenige Einzelblüten gut zur Geltung kommen. Ich empfehle, gezielt in klaren Linien und schlanken Formen zu arbeiten, um eine meditative Ausstrahlung zu erreichen. Üppige, möglicherweise sogar bunt gemischte Arrangements wirken dagegen zu lebhaft und lenken alle Aufmerksamkeit auf sich.

Wüste
Auch das häufig gebrauchte Wüstenmotiv lässt sich sehr gut darstellen, indem in eine mit Sand und Steinen gefüllte Schale unterschiedliche *Kakteen* gesetzt werden. Schon durch ihr fleischiges Grün wirken sie frisch im Gegensatz zum trockenen Sand. Wer dazu noch die so genannten Weihnachtskakteen verwendet, hat sogar knospige oder blühende Ware zur Verfügung und kann damit die Hoffnung auf neues Leben, das aus scheinbar Totem entsteht, vertiefen.

Ein weiteres Zeichen der Hoffnung wider alle Vernunft setzt die so genannte *Rose von Jericho*. Diese in trockenem Zustand zusammengerollte farblose Pflanze entfaltet sich langsam ergrünend im Wasserbad (vgl. S. 138/196). Selbst nach langen Trockenphasen kann sie immer wieder belebt werden, obwohl rein äußerlich alles dagegen spricht. Bei Gott ist eben nichts unmöglich … Da diese Pflanze so unauffällig ist, benötigt sie etwas schmückendes Beiwerk. Man kann eine besonders schön getöpferte Schale verwenden, diese auf ein passendes Tuch stellen und/oder Moos, Zweige, Laub, Tannenzapfen u. ä. dazu gruppieren. Es geht dabei nicht um eine aufwändige Dekoration, sondern nur um ein harmonisches Umfeld, das mit Naturmaterialien und Ideenreichtum immer wieder neu gestaltet werden kann.

Biblische Texte einmal anders gelesen
Es lohnt sich, die Lesungen der Adventszeit einmal unter dem Aspekt des Blumenschmucks zu studieren. Das ist eine spannende Aufgabe, die Freude macht und diese Texte ganz neu erschließt. Mittelpunkt bleibt jedoch das Kommen unseres Herrn Jesus Christus.

Bereitet den Weg
Das ist ein Anliegen der Adventszeit, das alle Küster und Küsterinnen, die spätestens mit Dezemberbeginn in Aufbruchstimmung geraten, konkret spüren. So vieles muss in diesen Tagen bis zum Hochfest der Geburt des Herrn bedacht und erledigt werden, dass sorgfältige Terminplanung nötig ist. Daneben darf die kalte Jahreszeit nicht vergessen werden. Das gilt auch in Hinblick auf frühmorgendliche oder abendliche Rorate-Gottesdienste: Ist für die Winterzeit genügend Streugut vorhanden? Sind Schneeschieber und Räumgeräte einsatzbereit? Schnee und Glätte tauchen über Nacht und gerne an Feiertagen auf. Genauso wichtig ist die Heizungsanlage. Wird sie regelmäßig überprüft? Wartungsdienste sind zwar in Bereitschaft, können aber nicht überall gleichzeitig sein.

Gelassenheit und Gottvertrauen helfen uns, in diesen ohnehin so hektischen Tagen die Übersicht zu behalten und effektiv zu arbeiten. Bereiten wir dem Herrn den Weg so, dass wir seine Ankunft nicht verpassen.

Sabine Bruß

Foto: Guido Fuchs

Die Rose von Jericho

Die „Rose von Jericho" hat ihren Namen aus einer Erwähnung im Buch Jesus Sirach (Sir 24,14; Septuaginta-Übersetzung). Allerdings gilt die Übersetzung „Rose" als irreführend. Kreuzfahrer brachten diese Pflanze, die sich nach trockener Lagerung bei Feuchtigkeit entfaltetet, nach Europa. Als „Rose von Jericho" oder „Auferstehungspflanze" galt sie als wundertätig. Drei Pflanzen erhielten im Laufe der Zeit diesen Namen.

Asteriscus pygmaeus
Asteriscus pygmaeus, ein einjähriger Korbblütler, der von Algerien über die gesamte Sahara im Süden und den Mittelmeerraum im Norden östlich bis Belutschistan vorkommt. Die Pflanze blüht schon kurze Zeit nach der Keimung und trocknet dann ein. Regnet es nach einigen Monaten bis Jahren wieder, so quillt das tote Gewebe auf und gibt die Samen frei. Allerdings sind die Pflanzen, die hier binnen weniger Minuten scheinbar erblühen, in Wirklichkeit schon lange tot.

Anastatica hierochuntica
Ähnlich ist es bei der zweiten Art, Anastatica hierochuntica, einem Kreuzblütler. Die einjährige Pflanze wächst in ihrer Heimat – von Marokko bis Südiran – von der Wurzel weg in alle Richtungen kreisflächig an den Boden gepresst. Nach der Fruchtbildung stirbt die Pflanze ab, trocknet aus und zieht sich zusammen. Es bricht auch der Wurzelhals, und das kleine Knäuel wird vom Wind über den Boden gerollt, oft viele Kilometer weit. Beim nächsten Regen quillt das Gewebe wieder auf, die Samen fallen heraus und keimen sofort. Diese Art fehlt zwar – im Gegensatz zu Asteriscus – angeblich um Jericho, sie wird aber im ganzen Orient gehandelt, da ihr magische Kräfte zugeschrieben werden. Möglicherweise haben die von den Kreuzrittern mitgebrachten Pflanzen zu dieser Art gehört.

Selaginella lepidophylla
Was im Handel als „Rose von Jericho" oder „Auferstehungspflanze" oft fälschlich als Anastatica angeboten wird, ist in Wirklichkeit ein Moosfarn, der in den Wüsten- und Halbwüstengebieten von Arizona und Texas bis El Salvador vorkommt. Es handelt sich um eine so genannte poykilohydrische Staude, die völlig austrocknen kann ohne abzusterben. Als ein kreisflächiger Bodendecker zieht sie sich dabei kugelförmig zusammen. Bei Berührung mit Wasser entfaltet sie sich nicht nur, sondern ergrünt auch wieder und lebt. Allerdings geht sie dann meist ein und entfaltet sich später nur mehr als tote Pflanze. Um zu überleben, muss dieser Moosfarn in sandiges Substrat getopft werden und braucht direktes Sonnenlicht. Nur wenige Wochen im Jahr soll er Wasser bekommen. Die Pflanze ist durch Stecklinge vermehrbar.

(nach Gregor Dietrich)

Eingerollt und ausgedörrt

2. Regen fällt und Wasser quillt,
und die Rose saugt und zieht.
Glaube fällt und Liebe schwillt,
und die Seele trinkt und blüht.
Trinke, Rose, an der Stelle,
wo sich deine Pracht entfaltet!
Trinke, Seele, aus der Quelle,
die dich weckt und neu gestaltet!

3. Rose sucht und Seele hofft.
Doch das Wasser wird geschenkt,
lang ersehnt, vergeblich oft,
bis es fällt und qillt und tränkt.
Zeig uns, Himmel, jene Stelle,
wo du unsre Pracht entfaltest!
Sprudle, Mensch gewordne Quelle,
der du weckst und neu gestaltest!

T: Peter Gerloff © beim Autor
M: Jo Werner © beim Komponisten

Gesänge zur Eröffnung bzw. zum Abschluss

Dreimal, jeweils einen Ganzton höher

Ec - ce Do - mi - nus ve - ni - et, et om - nes Sanc - ti e - jus cum e - o: et e - rit in di - e il - la lux mag - na, al - le - lu - ja.

Seht, der Herr wird kommen, und alle seine Heiligen mit ihm. An jenem Tage wird ein großes Licht erstrahlen, alleluja.

T: Vesperantiphon vom 1. Advent
M: Josef Schnabel, Breslau 1831, nach der gregorianischen Antiphon

Dreimal, jeweils einen Ganzton höher

(V) Sie - he die Jung - frau wird em - pfan - gen und ei - nen Sohn ge - bä - ren. (A) Und sein Na - me wird sein „Em - ma - nu - el" – Gott - mit - uns.

T: Jes 7,14
M: Guido Fuchs © beim Komponisten

Gang im bzw. in den Advent

„Rorate" als Inbegriff der adventlicher Bitte um das Kommen des Herrn kann auch als Gebetsgang, als „Gang im Advent" oder – je nach Zeitpunkt – „Gang in den Advent" gestaltet werden. Am Abend macht man sich (eventuell mit Fackeln) auf einen Weg mit verschiedenen kurzen Stationen. Mit dem Gebetsgang kann ein Wortgottesdienst oder eine Messe (am Anfang oder Ende) verbunden sein. Die einzelnen Stationen können mit Besinnungen über adventliche Motive zu den Buchstaben des Wortes „Rorate" oder „Advent" gefüllt werden.

Eröffnungsteil
- Lied: „Tauet Himmel, den Gerechten"
- Einführung
- Kyrie-Rufe
- Gebet

Unterwegs (bei jeder Station)
- GL 120,4 (Rorate caeli)
- Schriftwort
- Impuls
- Fürbitten
- Liedstrophe

Leitgedanken bei den Stationen z. B.
R = Ruhe
O = Orientierung
R = Raum geben
A = Ankunft
T = Tag
E = Erwartung

Abschluss
Gesang/Lied
Vaterunser und Friedensgruß
Gebet und Segen
Lied

Andere Leitgedanken

A = Ankunft
    Ankunft Jesu Christi
    Seine verschiedenen „Ankünfte"
    Kommt er wirklich bei mir an?

D = Dunkelheit
    Dunkelheiten in der Gesellschaft
    Dunkelheiten in der Kirche
    Dunkelheit in mir selbst
    Wer oder was gibt Licht?

V = Versöhnung
    Versöhnung auf der politischen Ebene
    Solidarität in der Gemeinde
    Versöhnung mit sich in Gott.

E = Erwartung
    Erwartung an andere
    Erwartung an das Leben
    Erwartung Gott gegenüber

N = Neu werden
    Jahreszeiten
    Kirchenjahr
    Kirche in Europa: Kleine Herde – missionarische Kirche

T = Tragen
    Last der Gegenwart
    Last der kirchlichen Probleme
    Last des verstummenden Gottes
    Ge-tragen werden von Gott

Hans-Georg Koitz

Luzernarium

Rorate-Gottesdienste können auch am Abend ihren Platz haben. Da sie traditionell mit Kerzenlicht gefeiert werden, legt sich ein Luzernarium, eine Lichtfeier, zu Beginn nahe: Vom Ewigen Licht bzw. Adventskranz wird das Licht genommen, über das ein Dankgebet gesprochen wird. Dieses Licht wird dann an die Gottesdienstteilnehmer weitergereicht, dazu kann ein Lied gesungen werden.

Ruf GL 280 (Preiset den Herrn, denn er ist gut) *oder*
GL 281,1–2.5.12 (Danket dem Herrn, denn er ist gut)

Lichtdanksagung
Wir danken dir, Gott, denn du bist gut.
Im Dunkel der Tage erfreuen wir uns am Licht:
Es stellt uns Christus vor Augen,
deinen Sohn, den du als Licht
in die Finsternis dieser Welt gesandt hat.
Auf die Feier seiner Geburt bereiten wir uns vor,
seine Wiederkunft erwarten wir wie den Regen,
der die Felder netzt,
sein Kommen in unsere Herzen erhoffen wir
wie den Tau,
der sich in der Frühe bildet.
Er ist es, der von sich sagte:
Ich bin das Licht der Welt.
Wer mir nachfolgt, wird nicht im Dunkeln bleiben.
Lass uns in diesem Lichte leben und handeln,
dass auch andere es sehen
und dich als Gott erkennen,
der uns Menschen nahe ist –
heute und alle Tage bis in Ewigkeit.

Lieder zur Austeilung des Lichts
GL 104 (Tauet, Himmel, aus den Höhn)
GL 116 (Gott, heilger Schöpfer aller Stern)
Ecce Dominus veniet (S. 199)

Segen

Eventuell kann der Segen auch mit Weihwasser gespendet werden, um den erfrischenden Tau zu versinnbilden und erlebbar zu machen.

Segen   Der Segen des lebendigen Gottes komme über uns wie der Tau in der Frühe, der erfrischt und belebt. So segne uns Gott, der Vater, der Sohn und der Heilige Geist.

> Der gesegnete Regen,
> der sanfte Tau
> ströme auf euch herab.
> Eure Blumen mögen zu blühen beginnen
> und ihren Duft verbreiten,
> wo immer ihr seid.
> Das gewähre euch der lebendige Gott,
> der Vater, der Sohn und der Heilige Geist.
>
> *(nach einem irischen Segen)*

Feierlicher Schluss-Segen

Es komme auf euch herab die Gnade des Vaters, dessen ewiges Wort wie Tau herabstieg in den Schoß der Jungfrau Maria, um der Erlöser der Menschen zu werden.
Amen.
In euren Herzen blühe auf der Friede Christi, dessen Kommen als Heiland wir mit Sehnsucht erwarten.
Amen.
All euer Tun erleuchte der Heilige Geist, damit ihr dem Herrn die Wege bereitet und er euch wachend findet bei seiner Ankunft.
Amen.
Das gewähre euch der dreieinige Gott, der Vater, und der Sohn + und der Heilige Geist.
Amen.

Autorenverzeichnis

Stefan Anzinger, Pfarrer, Ergoldsbach
Sr. *Cornelia Bothe D.C.J.*, Ludwigsburg
Sabine Bruß, Küsterin, Paderborn
Stefan Buß, Pfarrer, Freigericht/Hessen
Markus von Chamier, Vikar, Konstanz
apl. Prof. Dr. *Guido Fuchs*, Dozent und Autor, Hildesheim
Dipl.-Theol. *Petra Gaidetzka*, Autorin und Redakteurin, Aachen
Xaver Käser, Diakon, Dillingen
Markus Krell, Pfarrer, Ruderting
Dipl.-Theol. *Axel Bernd Kunze*, Studienreferendar, Rheine
Marcus Lautenbacher, Pfarrer, Marktredwitz
Dr. theol. *Martin Lätzel*, Referent, Kiel
Günter Nörthemann, Pfarrer, Göttingen
Br. *Frank Peters* ofm, Guardian und Pfarrvikar, Euskirchen
Steffen Roth, Kaplan, Breuberg
Mag. *Hanns Sauter*, Pastoralreferent, Wien
Stephan Schwab, Kaplan, Miltenberg
Brigitte Schwarz, Pastoralreferentin, Augsburg
Sr. Dr. theol. *Aurelia Spendel OP*, Priorin, Augsburg
Andreas Karl Straub, Kaplan und Regionaljugendseelsorger, Augsburg
Bernhard Stürber, Diakon, München
Dr. theol. *Thomas Vollmer*, Pfarrer, Solingen
Sarto M. Weber, Spitalseelsorger, Wädenswil
Robert Weinbuch, Gemeindeleiter, Zufikon
Dr. theol. *Hans Würdinger*, Pfarrer und Chefredakteur, Neuhaus/Inn
Hermann Würdinger, wiss. Assistent, München
Nikolaus Wurzer, Pfarrer, Sonthofen

Quellen und Abkürzungen

MB Die Feier der heiligen Messe. Messbuch für die Bistümer des deutschen Sprachgebietes, ²1988

MBB Die Feier der heiligen Messe. Messbuch für die Bistümer des deutschen Sprachgebietes, Sammlung von Marienmessen, 1990

DIE STÄNDIGE KOMMISSION FÜR DIE HERAUSGABE DER GEMEINSAMEN LITURGISCHEN BÜCHER IM DEUTSCHEN SPRACHGEBIET ERTEILTE FÜR DIE AUS DIESEN BÜCHERN ENTNOMMENEN TEXTE DIE ABDRUCKERLAUBNIS.

Chorbuch für einstimmigen Gesang zum Gotteslob. Erster Band, herausgegeben von Weihbischof Paul Nordhues, Paderborn und Weihbischof Alois Wagner, Linz, Verlag J. Pfeiffer/Verlag Styria, München/Graz 1975 u. ö.

Trotz intensiver Recherche ist es nicht in jedem Fall gelungen, die jeweiligen Rechteinhaber ausfindig zu machen. Für entsprechende Hinweise sind wir dankbar.

„**O selige Nacht,
von der Geburt des wahren Lichtes erleuchtet,
geschmückt durch den Glanz der Engel,
verherrlicht durch ihren Lobgesang.**"
Nach Thomas von Kempen

Ein ungewöhnliches, bisher einzigartiges Angebot zur feierlichen Eröffnung der Christmette, das dem festlichen Rahmen einen besonderen Glanz verleiht: ein Lobgesang auf die Heilige Nacht nach einem Text des Thomas von Kempen.

Das weihnachtliche Exsultet wird in verschiedenen Variationen angeboten und kann so z.B. vom Diakon, vom Kantor oder vom Priester gesungen werden. Für den Vortrag durch einen Chor oder eine Schola ist ein einfach zu singender Chorsatz beigegeben. Guido Fuchs erläutert den liturgischen Ort des Exsultet und gibt konkrete Vorschläge für den Ablauf und die Gestaltung der Feier.

Alle enthaltenen Fassungen wurden im Hildesheimer Dom aufgenommen und sind auf einer CD zusammen mit dem Buch erhältlich.

O selige Nacht
Ein weihnachtliches Exsultet
Nach einem Text des Thomas von Kempen
zum Singen eingerichtet und eingeleitet
von Guido Fuchs
40 Seiten, Hardcover mit Notendruck
ISBN 3-7917-1758-8

Mit CD
ISBN 3-7917-1759-6

Vielfalt der Formen im Weihnachtsfestkreis: Wortgottesdienst, (musikalische) Andacht, Bußgottesdienst, Frauengottesdienst, Novene ...

Von St. Martin am 11. November, dem einstigen Beginn der Vorbereitungszeit auf Weihnachten, bis zum Fest der Darstellung des Herrn am 2. Februar, an dem früher die Weihnachtszeit endete, ergibt sich eine Vielzahl an Gottesdienstformen. Dazu bietet dieses Buch ein reiches Repertoire an Gottesdiensten, für die sinnlich erfahrbare Elemente wesentlich sind.

»Felicitas Riffel hat ein beachtenswertes Buch für die Praxis herausgegeben, das aus langjähriger Erfahrung erwachsen ist. Es bietet Vorschläge, die den Vorteil besitzen, klar umrissen und konzipiert zu sein. ... Kurz: Das Buch ist im besten Sinne ›brauchbar‹.«
Klerusblatt, München

Felicitas Riffel (Hg.)
Uns ist ein Licht aufgegangen
Gottesdienste mit Lied- und Bildbetrachtungen zum Weihnachtsfestkreis
134 Seiten, 3 Abb., kart.
ISBN 3-7917-1776-6